羽毛球运动教程

（视频学习版）

吴 序 付庆镕 伍 嶺 主编

BADMINTON

化学工业出版社

·北京·

内容简介

羽毛球运动根植于学校，在高校蓬勃发展且深受大学生喜爱。羽毛球课程作为高校体育必修课中比较受欢迎的课程，对于提高大学生的身体素质，培养其健康向上的思想与心态具有积极的意义。

《羽毛球运动教程（视频学习版）》从羽毛球教学基础理论介绍入手，针对羽毛球基本技术、羽毛球基本战术、羽毛球专项身体素质训练等进行了分析，还对羽毛球竞赛组织与规则等进行了讲解。

本书可作为普通高等学校、职业院校等羽毛球课程的教材，也可作为广大羽毛球爱好者的参考书。

图书在版编目（CIP）数据

羽毛球运动教程：视频学习版 / 吴序，付庆镕，伍岭主编. -- 北京：化学工业出版社，2025. 2. -- ISBN 978-7-122-46839-0

Ⅰ. G847

中国国家版本馆CIP数据核字第20249ED354号

责任编辑：宋 薇　　　　　　装帧设计：张 辉
责任校对：边 涛　　　　　　版式设计：梧桐影

出版发行：化学工业出版社
　　　　　（北京市东城区青年湖南街13号　邮政编码100011）
印　　装：河北延风印务有限公司
710mm×1000mm　1/16　印张11½　字数252千字
2025年6月北京第1版第1次印刷

购书咨询：010-64518888　　　　售后服务：010-64518899
网　　址：http://www.cip.com.cn
凡购买本书，如有缺损质量问题，本社销售中心负责调换。

定　　价：49.80元　　　　　　版权所有　违者必究

前言

羽毛球是一项融力量、速度、灵敏性和协调性为一体，以有氧练习为基础，以移动快速、动作灵活为主要特征的体育运动。参与羽毛球运动可以提高人的身体素质，改善心血管系统和呼吸系统的功能，增强神经系统的灵活性，提升心理抗压能力。

《羽毛球运动教程（视频学习版）》以羽毛球运动最实用的技术和战术为切入点，结合操作性强的练习方法指导，通过"线上视频展示+线下教材巩固"的双向连接教学模式，帮助学习者稳步提升羽毛球技战术水平。

全书共分7章，包括羽毛球的基础理论、技术、战术、竞赛规则及裁判法等。为了帮助初学者快速提升技术水平，书中还特别增加了专项身体素质的练习方法。全书编写的主要特点是：在知识方面，帮助读者了解羽毛球的基本知识与理论；在能力方面，引导读者掌握正确的技术动作，提高自身运动技能，熟悉羽毛球竞赛组织和裁判的基本方法，提高比赛欣赏水平；在素质方面，帮助读者养成自我锻炼的习惯，促进身心全面发展，为终身体育打下良好基础。本书既可作为普通高校大学生羽毛球专项选修课用书，也可供广大羽毛球爱好者进行健身锻炼时参考。

本书由吴序、付庆镕、伍嶺任主编，由刘凯博、李莎、许坤任副主编，参与编写的还有郑宝君、郭晓培、铁春元、王伟、曾志学、董浩然、段冠婷、胡彦峰等。在此对成书过程中提供研究成果、经验体会、比赛案例、教学图片等资料的专家、学者、教练员及运动员等一并表示感谢。

限于时间和精力，教材之中若有不足之处，恳请批评指正。

编者

2025年2月

目录

第一章

羽毛球运动的起源与发展

第一节　羽毛球运动的起源

羽毛球运动的起源有多种说法，其中最被认可的是起源于14至15世纪的日本，其最早可追溯到中国唐宋时期的一种民间游戏——毽子。然而，现代羽毛球运动则起源于印度，并在英国得到了进一步的发展和推广。

19世纪末，英国人开始对这项游戏产生兴趣，并对其进行改进和发展。1873年，英国成立了第一个羽毛球俱乐部，这也被认为是羽毛球运动正式诞生的标志。

到了1893年，英国的羽毛球俱乐部逐渐发展起来，并成立了第一个羽毛球协会，规定了场地的要求和运动的标准。

羽毛球运动经历了数百年的发展，逐渐成为一项全球性的体育运动。其独特的魅力和竞技性吸引了众多爱好者参与其中，为世界各地的人们带来了健康和快乐。

羽毛球成为运动项目的原因主要有以下几点。

（1）健康性

羽毛球是一项全身运动，可以锻炼到身体的多个部位，包括上肢、下肢、核心肌群等，有助于提高身体协调性和灵活性，增强身体素质。

（2）趣味性

羽毛球具有很强的竞技性和对抗性，可以激发参与者的兴趣和热情。在比赛中，参与者需要灵活运用各种技术和战术，给参与者带来挑战和刺激感，增加了运动的趣味性。

（3）社交性

羽毛球是一项团队运动，需要多人参与，有助于增强团队合作精神和社交能力。同时，通过比赛和交流，可以结交更多的朋友，扩展社交圈子。

（4）易于推广

羽毛球的规则简单易懂，场地要求不高，所需器材相对简单，这使得羽毛球容易普及和推广。同时，羽毛球在国际上拥有广泛的影响力，也是奥运会等重大赛事的正式比赛项目。

（5）竞技价值高

羽毛球比赛具有很高的观赏性，适合电视转播和现场观众观看。同时，羽毛球在竞技体育中具有很高的地位，成为各国体育代表团的重要比赛项目之一。

第二节 羽毛球运动的发展

1. 运动项目发展阶段

羽毛球最早的正式比赛是全英羽毛球公开赛，也被称为全英羽毛球锦标赛，创办于1899年。该赛事每年举办一次，是世界上最早和最具影响力的羽毛球比赛之一。1898年吉尔福德的羽毛球爱好者们积极参与了羽毛球规则的讨论和制定，为1899年全英羽毛球锦标赛的举办奠定了基础。1899年的全英羽毛球锦标赛推动了羽毛球运动的规范化和竞技化发展，为现代羽毛球运动的普及和国际推广做出了重要贡献。

2. 竞技运动发展阶段

羽毛球赛事的发展经历了多个阶段。

英国羽毛球协会成立于1893年，其第一次正式羽毛球比赛是1899年举办的全英羽毛球锦标赛。

1948年，第一届汤姆斯杯赛在英国的普雷斯顿举办。1956年，第一届尤伯杯赛在英国的兰开夏郡举办。1977年，国际羽毛球联合会的首个世界锦标赛在瑞典举办。1989年，第一届苏迪曼杯赛在印度尼西亚的雅加达举办。

1958年，在日本，羽毛球初次亮相亚运会，当时并不是正式比赛项目。1962年，在雅加达亚运会上，羽毛球成为亚运会的常规比赛项目，共包含六个小项目，男子和女子单打、双打，男子团体和女子团体。1966年的曼谷亚运会上，混双项目被加入。

1972年，在慕尼黑，羽毛球初次亮相奥运会，当时并不是正式比赛项目。1992年，羽毛球在巴塞罗那奥运会上成为正式比赛项目，共包含四个小项目，男子单打、双打，女子单打、双打。1996年的亚特兰大奥运会上，混双项目被加入。

近年来，随着全球化和体育产业的快速发展，羽毛球赛事的规模和水平不断提高。各大洲和国家之间的羽毛球赛事逐渐增多，赛事的组织和管理也更加规范化和专业化。如今，羽毛球已经成为一项具有高度竞技性和观赏性的体育运动，吸引了全球范围内的广泛关注和参与。

第三节　国际羽毛球组织和赛事

一、国际羽毛球组织

国际羽毛球联合会（国际羽联），成立于1934年。成立之初，总部设在英国伦敦。国际羽联有9个成员（加拿大、丹麦、英格兰、法国、爱尔兰、荷兰、新西兰、苏格兰和威尔士），之后即迅速发展为拥有众多成员并受到世界公认的国际性组织。2006年9月24日，国际羽毛球联合会正式改名为世界羽毛球联合会（世界羽联）。世界羽毛球联合会的任务是普及和发展世界羽毛球运动，加强各国羽毛球协会之间的联系，举办奥运会、世界锦标赛、世界杯赛和其他国际比赛。目前世界羽毛球联合会成员分别隶属于它旗下的五个大洲联合会：亚洲羽毛球联合会（简称亚羽联）、欧洲羽毛球联合会（简称欧羽联）、非洲羽毛球联合会、泛美洲羽毛球联合会和大洋洲羽毛球联合会。通过与五个地方管理机构合作，世界羽毛球联合会得以在全世界推广和发展羽毛球运动。

二、国际主要羽毛球赛事

国际主要羽毛球赛事包括奥运会羽毛球赛、苏迪曼杯羽毛球赛、汤姆斯杯羽毛球赛、尤伯杯羽毛球赛、世界羽毛球锦标赛、世界青年羽毛球锦标赛等。

1. 奥运会羽毛球赛

羽毛球是奥运会的正式比赛项目，每四年举办一次。在奥运会的羽毛球比赛中，主要的赛事包括男子单打、女子单打、男子双打、女子双打和混合双打。在奥运会的羽毛球比赛中，每个项目都有固定的赛制，通过小组赛和淘汰赛来决出最终的胜者。

2. 苏迪曼杯羽毛球赛

苏迪曼杯羽毛球赛是世界羽毛球混合团体锦标赛，每两年举办一次，在奇数年举行。该赛事是国际羽毛球联合会主办的最高级别的团体赛事之一，与汤姆斯杯赛和尤伯杯赛齐名。

苏迪曼杯羽毛球赛与汤姆斯杯羽毛球赛、尤伯杯羽毛球赛不同的是，这项比赛是检验各国家和地区羽毛球运动整体水平的赛事，采用五场三胜制，进行男子单打、女子单打、男子双打、女子双打和混合双打五个单项的角逐。

苏迪曼杯是一个镀金银杯，呈羽毛球造型，在基座上雕刻了举世闻名的古迹婆罗浮屠佛塔的造型，奖杯高80厘米。

3. 汤姆斯杯羽毛球赛

汤姆斯杯羽毛球赛是世界男子羽毛球团体锦标赛，由国际羽联创办于1948年。

汤姆斯杯羽毛球赛的奖杯是由英国人乔治·汤姆斯捐赠的，他在1934年成为国际羽联第一任主席。

1948年第一届起，每场团体赛由五场单打、四场双打组成，全部九场比赛分两天进行。由于每场团体赛的比赛时间过长，从1986年起改为每逢双数年举行，由九场制改为五场制，并在一节时间里打完。五场三胜制在一个单位时间内进行，即三场单打，两场双打。比赛排序有6种，其目的是保证参加两项比赛的运动员起码有30分钟以上的休息时间。

汤姆斯杯高28厘米，由底座、杯形和盖三部分构成，在盖的最上端有一个运动员的模型。此杯的前部雕刻有"乔治·汤姆斯·巴尔特于1939年赠送国际羽毛球联合会组织的国际羽毛球冠军挑战杯"。

4. 尤伯杯羽毛球赛

尤伯杯羽毛球赛是世界女子羽毛球团体锦标赛，也是世界上最高水平的女子羽毛球团体赛，该赛事由国际羽联创办于1956年。

尤伯杯世界女子羽毛球团体锦标赛自1956年至1984年每三年举行一届，1981年世界羽联和国际羽联合并为新的国际羽毛球联合会后，决定1986年起汤姆斯杯羽毛球赛和尤伯杯羽毛球赛两年举办一届，每届两项赛事同期同地举办，采用五场三胜制。

尤伯杯由当时伦敦著名的银匠麦皮依和维伯铸成，奖杯高18厘米，中部地球仪上有一个羽毛球的模型，羽毛球上方一名女运动员模型呈现出挥拍击球的姿态。奖杯底座上刻有"尤伯夫人于1956年赠送国际羽毛球联合会组织的国际女子羽毛球冠军奖杯"字样。

5. 世界羽毛球锦标赛

世界羽毛球锦标赛是国际羽毛球联合会主办的一项羽毛球单项锦标赛，它是世界羽毛球最高水平的赛事之一，也是运动员追求世界冠军的重要赛事。

世界羽毛球锦标赛始于1977年，从1985年开始每两年举办一次。该赛事的赛制是淘汰制，从预选赛到决赛，选手需要经过多轮比赛才能决出最后的冠军。

中国选手在世界羽毛球锦标赛中表现出色，多次获得冠军。其中，我国选手林丹五次获得世界羽毛球锦标赛男单冠军。

6. 世界青年羽毛球锦标赛

世界青年羽毛球锦标赛是由世界羽毛球联合会主办的由全世界顶尖的青年羽毛球运动员（19岁以下）参加的比赛，分为团体赛和单项赛，其中单项赛包括男子单打、女子单打、男子双打、女子双打和混合双打五个项目，是世界青年羽毛球比赛中的最高级别赛事。从1992年开始，每两年举办一届，从2006年开始每年举办一届。

这一赛事每一届都汇集了当时世界羽坛最优秀的青年选手，他们当中的佼佼者大都成了世界级的顶尖高手。中国的孙俊、顾俊、韩晶娜、陈刚、张尉、唐鹤恬、钱虹等都曾在世界青年锦标赛中夺冠。杨维、高凌、浴华、鲁莺、程瑞、张扬、龚睿那、王伟、张洁雯、谢杏芳等一大批世界青年锦标赛的冠军更是中国羽毛球界的精英。

第四节　国内羽毛球组织和赛事

一、中国羽毛球协会

中国羽毛球协会（CBA），简称中国羽协，成立于1958年9月，现由国家体育总局主管，是由全国各省级羽毛球协会及其他各级羽毛球协会（组织）自愿结成的全国性、行业性、非营利性社会组织，是具有独立法人资格的社会团体，是代表中国参加相应的国际羽毛球活动及世界羽毛球联合会、亚洲羽毛球联合会的合法组织，是中华全国体育总会和中国奥林匹克委员会的会员，接受业务主管单位国家体育总局和社团登记管理机关中华人民共和国民政部的业务指导和监督管理。

二、国内主要羽毛球赛事

国内主要的羽毛球赛事包括中国羽毛球俱乐部超级联赛、中国羽毛球大师赛、全国羽毛球锦标赛等。

1. 中国羽毛球俱乐部超级联赛

中国羽毛球俱乐部超级联赛是由中国羽毛球协会与中央电视台体育中心共同举办的中国羽毛球职业赛事，是中国高端的体育职业联赛之一。该联赛始于2010年，中国羽毛球俱乐部超级联赛包括男子单打、女子单打、男子双打、女子双打和混合双打五个项目，每场比赛采用五场三胜制。联赛通常分为常规赛和季后赛两个阶段，常规赛排名前四的队伍进入季后赛争夺冠军。

2. 中国羽毛球大师赛

中国羽毛球大师赛是中国羽毛球协会主办的一项国际性羽毛球赛事，创办于2005年，首届比赛在北京举行。2006、2007年在四川成都举办。中国羽毛球大师赛作为世界羽毛球联合会超级系列赛之一，比赛级别仅次于奥运会和世界锦标赛，是世界羽坛的第三大顶级赛事。该赛事的参赛人数、媒体关注程度、观众人数逐年增加，已经成为一项备受关注的羽毛球赛事。

3. 全国羽毛球锦标赛

全国羽毛球锦标赛是中国最高级别的羽毛球赛事之一，由中国羽毛球协会主办，包括男子团体、女子团体、男子单打、女子单打、男子双打、女子双打和混合双打七个项目。

全国羽毛球锦标赛是中国羽毛球选手展示自己实力和水平的舞台，也是培养和发掘优秀羽毛球运动员的重要赛事。同时，该赛事也为中国羽毛球代表队提供了选拔人才的重要平台。

第二章

羽毛球运动的器材与场地

第一节 羽毛球运动的器材

一、球拍

1. 球拍的组成

羽毛球拍由拍头、拍弦面、连接喉、拍杆和拍柄五部分组成（图2-1）。档次较高的球拍一般在出售时是空拍（未穿羽拍线的球拍）。正规的羽毛球拍长不超过680毫米。

正规的羽毛球拍通常是指符合世界羽联（BWF）标准，具备统一规格和标准的羽毛球拍。正规的羽毛球拍通常由碳纤维或铝合金等材料制成，具有轻盈、耐用、抗冲击等特点。同时，正规的羽毛球拍也具备较好的控制性能和弹跳性能，能够满足不同水平和需求的羽毛球爱好者的需要。

2. 球拍的重量和拍柄的粗细

球拍一般在拍柄上端都标有该球拍的重量和拍柄的粗细程度（图2-2），重量一般用英文字母"U"来表示，分为U～4U，数字越大，球

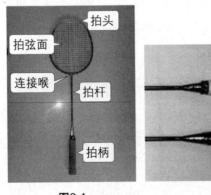

图2-1　　　　　　　　图2-2

拍的重量越轻，反之越重；拍柄粗细一般用英文字母"G"来表示，分为G0～G5，数字越大，拍柄越细，反之越粗。

羽毛球拍的重量一般在80～95克之间。

力量较小、手腕发力较弱的人，建议选择拍杆软一些的球拍，这样更好控制。喜欢杀球的人可以选择拍头重的球拍，可以借一些力来向下压。力量不大、手腕发力较弱的初学者男生建议选择3U的球拍，而女生建议选择4U的球拍。

力量较大、控制力强的人可以选择中杆硬一些的球拍，这样能够更准确地传递力量，发挥出更大的杀伤力。顶级运动员基本上会选择头重杆硬的球拍。

在选择球拍时，如果球拍太轻，挥拍的速度和力度会受到影响，如果球拍太重则容易造成手腕和手臂的疲劳。因此，在选择羽毛球拍时，需要根据自己的实际情况进行选择。

3. 拍弦面的软硬程度

羽毛球拍的拍弦面软硬程度通常与球拍材质、制作工艺、使用者的力量和技术水平等因素有关。一般来说，拍弦面较软的球拍在击球时可以提供更好的控制性和舒适度，适合技术水平较低或力量较小的人使用；而拍弦面较硬的球拍则可以提供更好的弹性和杀伤力，适合技术水平较高或力量较大的人使用。

在选择羽毛球拍时，需要根据自己的实际情况进行选择。拍弦面硬度一般是用"磅"或"千克"来表示，数字越大，拍弦面的硬度越大。如果拍弦面过软或过硬，可能会导致控制不稳定或无法发挥出最大的力量。因此，在选择羽毛球拍时，应该注重平衡和控制，选择软硬度适合自己的球拍。同时，也要注意球拍的质量和品牌信誉，以免因为质量问题而影响使用效果。

4. 手胶

　　手胶（图2-3）用于包裹羽毛球拍手柄，可以起到防滑、吸汗、保护手掌等作用。羽毛球手胶一般由柔软的防滑材料制成，可以增加手握的舒适度和稳定性，同时也可以减少手汗对握拍的影响，从而更好地控制球拍。

图2-3

　　手胶有不同的种类和规格，如毛巾手胶、龙骨手胶等，可以根据不同的需求和喜好进行选择。一般来说，手较大的人可以选择宽度较宽的手胶，而手较小的人则可以选择宽度较窄的手胶。同时，不同品牌和型号的手胶也可能具有不同的材质和厚度，建议根据个人喜好和手感进行选择。

　　在使用手胶时，应该注意更换时间，一般建议在发现手胶磨损、起毛或失去黏性时及时更换。如果手胶已经变脏或沾染了大量污垢，也应该及时更换，以保证卫生和健康。在更换手胶时，应该先清洁拍柄，然后缠上新的手胶。如果没有手胶的话，也可以使用橡皮膏代替，但需要注意不要缠得太厚，以免影响握感。

5. 羽拍线

羽毛球拍线（简称羽拍线）是羽毛球拍的重要组成部分，影响着球的弹跳、速度和耐久性（图2-4）。不同品牌和型号的羽毛球拍线具有不同的性能和特点，因此选择合适的羽毛球拍线对于提高球技和保护拍子非常重要。

图2-4

一般来说，羽毛球拍线的主要性能指标包括耐久性、弹性、击球声、控制性和吸震性等。在选择羽毛球拍线时，可以根据这些性能指标进行评估和比较，从而选择最适合自己的拍线。

在选择羽毛球拍线时还需要注意拍线的粗细、编织方式和打结方式等。较细的拍线可以提高控制性和灵活性，而较粗的拍线则可以提高耐久性和弹性。编织方式和打结方式也会影响拍线的性能和寿命。

羽拍线一般越细弹性越好，但结实程度不高，越粗越结实，但弹性也会下降。选择羽拍线时要根据自己的打法类型而定，建议进攻型和力量大者选择较粗的线，控球型和力量较小者选用较细的线。

二、羽毛球

羽毛球由球头和羽毛组成。球头是羽毛球中较重的部分，羽毛部分通常有16根，呈放射形对称地排列在球头上（图2-5）。羽毛的形状和大小都会影响羽毛球的飞行和速度。羽毛球的重量一般在4.74～5.5克之间，羽毛长度一般为64～70毫米。羽毛球的制作材料和设计要求非常高，需要保证球的稳定性和耐久性，同时还要考虑到球的重量、弹性、飞行速度等因素。

由于海拔和气候等自然环境条件不同，球的飞行速度也有所不同，一般商家都会在产品上标出羽毛球的飞行速度标号，比如78、77、76、75等，数字越大，其飞行速度越快。

图2-5

第二节　羽毛球运动的场地

理想的羽毛球比赛场地是用有弹性的木材拼接而成（只要不是把小木块竖着拼接即可）。国际比赛已采用化学合成材料制作可移动的塑胶球场地面。在基层的各级比赛中，当达不到上述条件的要求时，也可以在水泥地或三合土的地面上进行竞赛。不论是采用木板地面还是合成材料地面，都必须保证球员在比赛中不感到太滑或太黏，并有一定的弹性。

1. 场地的区域划分

（1）区域划分

羽毛球场地一般可分为比赛区、缓冲区、场外区三部分。比赛区有着规范的尺寸限制，是通常意义上的球员进行比赛的区域；缓冲区是比赛区的延伸，用来避免球员在比赛中由惯性所带来的损伤；场外区是在缓冲区之外的区域，这个区域一般被用作临场裁判员、司线员、记分员、教练员、记者、电视转播人员或其他工作人员的工作区域。图2-6为球场示意图。

（2）比赛区标准

羽毛球场地的比赛区是双打和单打套在一起的，呈长方形并用宽40毫米的线画出（图2-6）。羽毛球场长13.40米，双打宽6.10米，单打宽5.18米，双打球场对角线长14.72米，单打球场对角线长14.37米（图2-7）。

按国际比赛规定，整个球场上空空间高度最低为9米，在这个高度以内，不得有任何横梁或其他障碍物，球场四周2米以内不得有任何障碍物。并列的两个球场之间，最少应有2米的距离。球场四周墙壁最好为深色，不能有风。

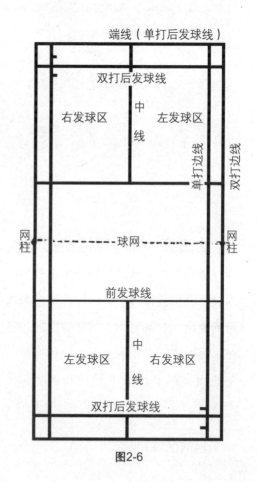

图2-6

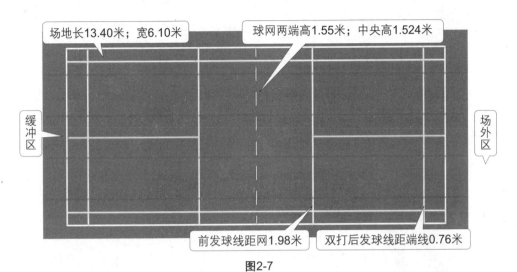

场地长13.40米；宽6.10米

球网两端高1.55米；中央高1.524米

缓冲区

场外区

前发球线距网1.98米

双打后发球线距端线0.76米

图2-7

2. 球网标准

羽毛球网长6.10米、宽760毫米，由优质深色的天然或再生纤维制成，网孔方形，网孔大小在15～20毫米之间，网的上沿应缝有75毫米宽的双层白布（对折而成），并用细钢丝绳或尼龙绳从夹层穿过，牢固地张挂在两网柱之间。标准球网应为黄褐色或草绿色。网柱高1.55米，无论是单打还是双打，两根网柱都应分别立在双打场地边线的中点上。正式比赛时，球网中部上沿离地面必须为1.524米高（图2-7），球网两端高为1.55米。球网的两端必须与网柱系紧，它们之间不应该有缺缝（图2-8）。

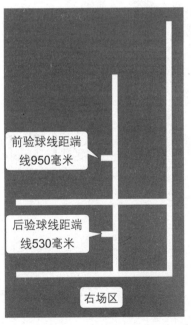

前验球线距端线950毫米

后验球线距端线530毫米

右场区

图2-8

第三章

羽毛球运动的基本技术

第一节　掌握羽毛球基本技术的重要性

羽毛球基本技术是羽毛球运动的基础，掌握了这些基本技术，才能更好地发挥出自己的潜力，提高自己的水平，也才能更好地享受这项运动带来的乐趣。

1. 羽毛球基本技术的重要性

（1）提高技术水平

羽毛球运动本身技术含量较高，只有通过系统的训练，采用正确的练习方法，才能逐步掌握各种运动技术，改善体能和协调能力，提高发球、接发球、移动等各个环节的技巧水平，这些都是通过训练来逐渐提高和完善的。

（2）增强应变能力

训练可以让选手在实战环境中采取不同的战术和应对措施，熟悉比赛过程和节奏，培养竞技意识，增强在实战中的应变能力和决策能力。这需要坚持训练，通过实际比赛来积累经验。

（3）改善身体素质

羽毛球运动需要较高的身体素质，如灵敏度、爆发力、协调性等。系统的训练可以不断提高身体各方面的素质，为运动表现提供保障。如果身体素质差，技术再高也无法完全发挥。

（4）增强意志品质

任何一项体育运动都需要不断磨炼意志品质，提高自身素质水平需要长期的训练积累。

（5）完善知识结构

训练需要选手不断学习新的战术、技术和理论知识来指导实践运用。

2. 提升羽毛球基本技术水平的措施

（1）持续练习

反复练习各项基本技术，例如发球、接发球、高远球、吊球等，不断重复练习，直到熟练掌握。

（2）观看教学视频

通过观看专业教练或优秀运动员的教学视频，学习正确的技术和姿势，从中获取知识和技巧。

（3）参加培训班

参加专业的羽毛球培训班，接受专业教练的指导，与其他球员一起训练，提高自己的技术水平。

（4）参加比赛

参加比赛可以锻炼实战技巧和心理素质，提高自己的竞技水平。通过比赛经验的积累，可以更好地掌握各种技术和战术。

（5）坚持健身

保持良好的身体素质对于掌握羽毛球基本技术非常重要。通过适当的健身训练，可以提高力量、速度、协调性和反应能力。

（6）学习理论知识

通过阅读书籍、听讲座等方式学习羽毛球的理论知识，例如战术、心理学、运动生理学等，提高自己的理论素养。

（7）善于反思和总结

在训练和比赛中，要善于反思和总结自己的表现，找出不足之处并加以改进。同时，也要注意总结经验和教训，不断提高自己的技术水平。

（8）保持积极心态

保持积极的心态是掌握羽毛球基本技术的关键之一。要相信自己能够不断提高技术水平，遇到困难时要坚持不懈地努力克服。

第二节　握拍方法

羽毛球握拍技术是羽毛球运动中的一项重要技术，其对于击球效果和控球能力都有着至关重要的影响。根据不同的击球需求，可以选择不同的握拍方式。例如，正手握拍可以用于正手发球、正手击球等，反手握拍可以用于反手击球、反手发球等。同时，还需要掌握不同握拍方式的转换和运用。在握拍时，应该保持手腕的稳定性，不要过度弯曲或扭转。掌握正确的握拍姿势需要经常进行练习和巩固，可以通过多打球、多进行专项训练等方式来提高自己的握拍技巧水平。

1. 正手握拍（以右手作为持拍手为例）

（1）准备姿势

先用非持拍手（如左手）拿住球拍，使拍面与地面垂直。张开持拍手（如右手），准备握拍（图3-1）。

图3-1

（2）握拍动作

将手掌下部（小鱼际）靠在球拍的握柄底托上（图3-2）。虎口对着拍柄窄面内侧的小棱边。中指、无名指和小指自然并拢弯曲，握住拍柄。拇指和食指贴在拍柄的两个宽面上，食指与中指稍分开，自然弯曲并贴在球拍柄上。中指指甲在大拇指下面，食指和大拇指相对，形成类似英文字母"V"的夹角。

图3-2

（3）调整握拍

掌心与拍柄之间要留有空隙，避免握得太紧导致手臂肌肉僵硬，影响手腕的灵活性。握拍时手应处于放松状态，以便随时根据来球情况调整握拍方式和力度（图3-3、图3-4）。

图3-3

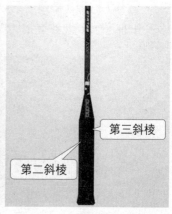

图3-4

2. 反手握拍

羽毛球反手握拍主要有如下两种方式。

①在正手握拍的基础上，把球拍框外转，拇指伸直贴在拍柄的宽面上（图3-5），食指、中指、无名指、小指并拢。此时手心与球柄之间要留有空隙，这样握拍有利于手腕力量和手指力量的灵活运用。

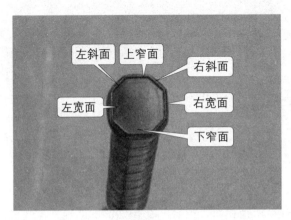

左斜面　上窄面　右斜面

左宽面　右宽面

下窄面

图3-5

②在正手握拍的基础上，拇指顶在球拍宽面上，撑住球拍，有利于反手发力。注意拇指的发力重点，一是大拇指所在位置，二是前臂外旋的发力。

在了解以上正确的握拍方法之后，应对照一下自己以前的习惯握法，如出现下面几种错误握法，应尽快加以纠正：拳握法，即一把抓；食指伸直按在拍柄上部；虎口贴在拍柄宽面上；柄端露出太长。

此外，除了握拍要松，变化还要快，要求拍子在手上可以随时动起来。平时不打球的时候，可以经常做正反手捻动的动作，通过长时间的耐心练习才会取得很好的收效。

3. 握拍中易犯的错误

手心没有与拍柄留有一定的间隙，所以握拍不灵活。虎口也没有对准拍柄内侧斜面的斜棱上（图3-6）。

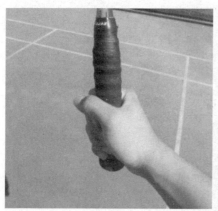

图3-6

食指没有与拇指相对，没有贴在拍柄侧面的宽面上（图3-7）。

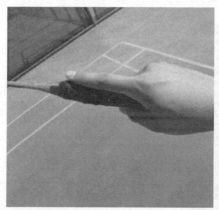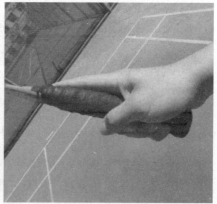

图3-7

第三节 握拍技术

一、基本型正手握拍

1. 正手握拍的应用范围

羽毛球正手握拍屈指发力是一种重要的技术，主要用于需要发力的动作，如高远球、平高球、抽球、杀球等。正手握拍的应用范围见图3-8。

图3-8

2. 正手握拍的技术

羽毛球基本型正手握拍技术用于执行大多数正手击球，该技术的要点如下。

①用左手拿住球拍中杆，使拍面与地面垂直。拍柄上从左到右能看到有4条棱线。

②张开右手，使虎口对准拍柄斜棱上的第二条棱线，然后用近似握手的方法握住拍柄。

③拇指和食指贴在拍柄两侧的宽面上，中指、无名指和小指并拢握住拍柄，使掌心与拍柄间留有空隙，不要贴紧。

④握拍的位置可视个人的情况而定，但一般情况下，拍柄端与近腕部的小鱼际相平。

⑤从正上方看，手与球拍的结合部位呈V形，从侧面看，五指与拍柄呈倾斜状（图3-9）。

图3-9

3. 正手握拍屈指发力

①在进行正手握拍屈指发力时，首先要确保握拍姿势正确。

②击球前，拇指、食指、中指放松，掌心与拍柄之间留有可用来发力的空隙。这时拇指和食指只要贴在拍面上就可以了，不需要紧握。

③击球时，拇指和食指扣住拍柄，其余三指握紧拍柄，以拇指和小鱼际肌为支点，其他手指为力点，从放松状态到紧握状态，屈指发力击球。

④根据对方来球的不同角度和为了控制准确的落点，握拍的方法也随时会有些细微的改变（图3-10）。

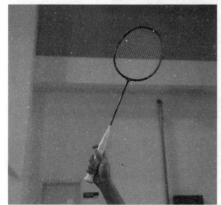 

图3-10

二、基本型反手握拍

1. 反手握拍的应用范围

　　羽毛球基本型反手握拍适用于位置比较好的反手高远球、平高球、吊球、网前球等。这种握拍方式适合在对方将球打到自己反手位比较深的位置、自己步伐不到位的情况下击球。反手握拍的应用范围如图3-11所示。

图3-11

2. 反手握拍的技术

反手握拍是在正手握拍的基础上，将球拍柄稍向外旋，拇指顶贴在拍柄第一斜棱旁的宽面上，也可将拇指放在第一、二斜棱之间的小窄面上，食指稍向下靠，与正手握拍方式相同，也用拇指和食指扣住拍柄，其余三指自然贴靠在拍柄上，留有发力的空间（图3-12）。

图3-12

3. 反手握拍屈指发力

①在进行反手握拍屈指发力时，首先要确保握拍姿势正确。

②击球前，拇指、食指、中指放松，掌心与拍柄之间留有可用来发力的空隙。这时拇指和食指只要贴在拍面上就可以了，不需要紧握。

③击球时，拇指和食指扣住拍柄，其余三指握紧拍柄，以食指和小鱼际肌为支点，其他手指为力点，拇指前顶，从放松状态到紧握状态，屈指发力击球。

④根据对方来球的不同角度和为了控制准确的落点，握拍的方法也随时会有些细微的改变（图3-13）。

图3-13

三、后场击球握拍技术

1. 后场高远球、杀球握拍

后场高远球和杀球时击球的力量都比较大，且速度比较快，要充分屈指发力击球。无论是使用正手握拍方式还是反手握拍方式，握拍手接触拍柄的位置都应稍靠后一些，这样更有利于发力。

2. 后场吊球、劈球握拍

后场吊球和劈球都是以斜拍面来切击球托，由此也要求握拍时要更加放松，才能灵活应对。正手吊球握拍时需要用小指、无名指、中指放松握住拍柄，拇指和食指自然贴在拍柄上，掌心与拍柄之间留有间隙（图3-14）。

图3-14

后场反手吊球的握拍方式：虎口贴在拍柄第三条斜棱上，拇指上移，贴靠在拍柄第一、第二斜棱之间的窄面上，各个手指以第一指节为力点握住拍柄，掌心与拍柄之间留有间隙（图3-15）。

图3-15

四、前场击球握拍技术

1. 前场搓小球握拍

前场搓球相对于后场球来说击球力量要小，技术动作更为细腻，握拍时也更灵活，要求手腕和手指完全放松，掌心与拍柄之间要有充分的间隙。依靠拇指、中指、无名指和小指向内或者向外旋转、捻动拍柄发力（图3-16）。

图3-16

2. 前场推球、挑球握拍

①前场正手推球、挑球握拍。用食指和拇指夹住拍柄，食指的位置比拇指要靠前，其余三指贴靠在拍柄中下部，掌心与拍柄之间留有间隙（图3-17）。

②前场反手推球、挑球握拍。拇指向上顶，其余四指并握，放松握住拍柄，拇指的位置比食指要靠前（图3-18）。

图3-17   图3-18

五、中场击球握拍技术

1. 中场平抽平挡球握拍

平抽平挡球的速比较快，主要用于双打对攻和反攻，采用适当的握拍方式能够起到提高挥臂速度的作用。在基本型正手和反手握拍的基础上，将持拍手与拍子接触的位置往上移，几乎处于拍柄与拍杆的接触部位即可（图3-19）。

图3-19

2. 中场接杀球握拍

接杀球的握拍需要持拍手完全放松，手掌与拍柄之间留有更大的间隙（图3-20），可活动的空间更大，才能更灵活地控制击球拍面的角度。

图3-20

第四节　发球与接发球技术

一、正手发球

1. 正手发球准备姿势

羽毛球正手发球准备姿势的要求如下（图3-21）。

站位：两脚自然分开，左脚在前，脚尖对着球网，右脚在后，脚尖稍倾斜，身体重心在右脚。

持球：左手三指（食指、中指、拇指）持球中部，自然上抬到胸部前方。

图3-21

无论是在前场发球还是在后场发球，都需要注意的是要保持发球姿势的一致性，这样更利于隐蔽，不让对手轻易判断出我方的发球意图。

2. 正手发球技术

（1）引拍动作

以发球准备姿势站立，持球手松开，使球自然下落，同时右手臂自下而上沿半弧形做回环引拍动作，当球落到身体右前方击球点时，身体向右前方转动，同时右臂向右后方引拍。

（2）击球动作

下面分别对正手发平射球、发平高球、发高远球和发小球进行详细说明。

①正手发平射球击球动作（图3-22）：击球时，尽量提高击球点。拍面仰角较小，几乎与地面垂直。小臂迅速内旋，带动手腕快速抖动并屈指向前发力击球，爆发力强。

②正手发平高球击球动作（图3-23）：击球点在右前下方略高于发高远球的击球位置，击球时小臂带动手腕发力。拍面与地面的夹角小于45°，向前推进击球。

图3-22

图3-23

③正手发高远球击球动作（图3-24）：击球瞬间，上臂和前臂迅速内旋，带动手腕快速向前上方屈指展腕闪动发力，用正拍面将球击出。

图3-24

④正手发小球击球动作（图3-25）：当球准备下落至击球点时，拍面从右向左斜面切削击球头，控制球过网的高度。击球时握拍要松弛，前臂前摆，以手指控制发力，用斜拍面向前推送切击球托，使球轻轻擦网而过，落入对方前发球区内。

图3-25

（3）随挥动作

击球后，身体重心完全移至左脚，持拍手随着击球后的惯性自然向头部左前上方挥动，手腕呈展腕状态。

二、接发球

1. 接发球准备姿势

左脚在前，全脚掌着地，右脚在后，前脚掌触地。重心放在前脚上，双膝微屈。右手持拍，保持身体平衡，两眼注视对手动向，判断对方的发球方向（图3-26）。

图3-26

2. 前场正手接发球技术

（1）判断起动

用正手前场接发球的步法向来球方向移动，持拍手臂稍屈肘，外旋半弧形引拍，做好接发球的准备（图3-27）。

图3-27

（2）击球动作

①搓球：主要用于回击对方的网前小球。击球时，结合身体向前跨步的冲力，食指和拇指内旋捻动拍面，向前摩擦推送搓球（图3-28）。

图3-28

②勾对角小球：当需要改变球的飞行路线，使对方难以预判时，可以采用此动作。这要求手腕灵活，发力准确。

③挑球：当对方发球较低，需要把球挑到对方的后场时，可以采用此动作，前场正手接发球挑球击球时，拍面与地面的夹角大于90°。

（3）回动

完成接发球动作后，持拍手臂需要自然回到体前，向中心位置回动。

3. 前场反手接发球技术

（1）判断起动

向来球方向移动，反手握拍向来球方向伸出，同时前臂微屈做内旋半弧形引拍动作，准备击球（图3-29）。

图3-29

（2）击球动作

①搓网前小球：结合身体向前跨步的冲力，食指、拇指内旋捻动球拍，向前摩擦推送搓球（图3-30）。

图3-30

②勾对角小球：手腕外旋，拇指前顶，其余四指收紧拍柄向网前斜对角方向发力击球。

③挑球：击球点较低时，前臂外旋，拇指前顶，用与地面呈大于90°的拍面夹角，手腕发力击球。

④推球：球拍与地面夹角近似90°，前臂迅速外旋，拇指前顶，手腕向前方外翻拍面击球。

⑤扑球：击球点高于球网顶部，前臂快速外旋，拇指前顶，用与地面呈小于90°的拍面夹角，向前下方拍压击球。

（3）回动

击球后，持拍手臂需要自然回到体前，向中心位置回动（图3-31）。

图3-31

4. 后场接发球技术

根据来球位置的不同，接发后场球可以用正手击球和头顶击球等多种方式。正手击球和头顶击球动作轨迹基本相似，只是击球点有差异。接发后场球正手击球的击球点在身体右后侧右肩上方，接发后场球头顶击球的击球点在身体左后侧头顶或者左肩上方（图3-32）。

图3-32

（1）判断起动

根据不同的来球位置选择移动方向，接发后场球可以有正手和头顶两种击球方式，两种方式的动作轨迹基本相同，只是击球点略有差异。

（2）击球动作

①接发球回击高远球：击球点在头的前上方，上臂带动前臂迅速内旋向上挥动，力量传递至手腕，以手指发力。

②击平高球时，拍面与地面形成稍大于90°的夹角；击高远球时，拍面与地面形成接近120°的夹角。

③回击吊球和劈球：接发后场球回击吊球和劈球时的击球点比回击平高球和高远球时约靠前10厘米，动作过程中上臂带动前臂迅速内旋向

上挥动，通过手腕和手指来调节发力大小，以拍面与地面小于90°的夹角将球击出。相比于吊球，劈球的发力更大，击球时拍面与地面夹角也更大。

④回击杀球：接发后场球回击杀球时，身体要充分后仰，类似弓形，击球点比回击吊球时还要再靠前5厘米左右。动作过程中上臂带动前臂迅速内旋向上挥动，通过手腕和手指发力，以拍面与地面约75°的夹角将球击出。

⑤回击抽杀球：接发后场球回击抽杀球时，手臂迅速内旋回环引拍，用与地面成90°左右的夹角向前挥动击球。

（3）回动

击球后，持拍手臂随着惯性向身体左前下方挥动，并迅速将拍收回体前，脚步移动向中心位置，为下次接球做准备。

三、前场击球技术

前场击球技术由前场挑高球、平推球、搓球、放小球、勾对角球和扑球等几种击球技术组成。每一种击球技术都可以由正手和反手的姿势来完成，也可以击出直线、斜线等不同的飞行路线。按照击球点的位置不同，又可以分成前场高手位击球和前场低手位击球（图3-33）。

1. 前场击球的种类

（1）前场高手位击球

球在肩部以上的时候，即击球时处于主动状态时，可以用搓球、勾对角球、平推球等进行回击。

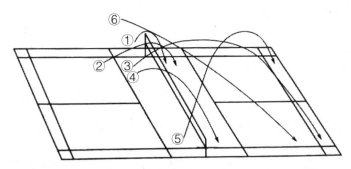

①—前场搓球；②—前场低手位放小球；③—前场平推斜线球；
④—前场高（低）手位勾对角球；⑤—前场挑斜线球；⑥—前场扑斜线球

图3-33

①搓球：将对方击至网前高手位置的球，用斜拍面以搓或者切的动作进行回击，使球在摩擦力作用下旋转飞行，擦网而过，落至对方网前。

②勾对角球：将对方击至前场区域高手位置的球，以对角线的线路形式回击到对方前场区域。

③平推球：将对方击至前场区域位置较高的球，以飞行弧线较平的线路形式回击至对方端线附近。由于击球点高、发力距离短、速度快、落点比较多，从而加大了对方接球的难度。平推球是从前场攻击对方后场底线的一种比较有威力的击球方式，单打和双打中都会经常使用。

（2）前场低手位击球

前场低手位的被动击球，一般击球点都在腰部或者膝盖以下，可以采用挑高球、勾对角球、放小球等技术。

①挑高球：将对方击至前场低手位的球，以由下向上的弧线回击至对方后场端线上空。前场低手位挑高球是在被动的情况下为我方赢得回位时间而采取的一种过渡性的技术。

②勾对角球：将对方击至前场低手位的球，尤其是几乎要触地的

球，用轻轻一勾的方式回击至对方斜对角前场区域。前场低手位勾对线球常常在被动状况下与挑球、推球配合使用，是一种过渡性的技术。

③放小球：将对方击至前场低手位的球，尤其是几乎要触地的球，用轻轻一击的方式使球擦网而过，落至对方前场区域。前场低手位放小球是在被动状况下与挑球配合使用，达到前后调动对方目的的一种过渡性技术。

（3）前场高手位正手击球技术（图3-34）

图3-34

①判断起动：对来球的速度、方向、高度和落点做出准确的判断，迅速起动身体，调整到最佳的击球位置。前场高手位正手击球使用正手上网步法向身体右侧的来球方向移动，同时以肩肘为轴，前臂外旋带动手臂伸展。在身体的右前方做适量的半弧回环引拍，保持身体平衡，准备击球。

②击球动作：将击球点选择在距离球网顶端10～30厘米的位置。

正手搓球击球动作：用食指和拇指捻动球拍，手腕由展腕至收腕，从右向左以斜拍面摩擦切击球托的右后侧部位，使球成下旋翻滚状态过网的动作称为"收搓"。手腕由收腕至展腕，从左向右以斜拍面摩擦切击球托的左后侧部位，使球成上旋翻滚状态过网的动作称为"展搓"。

正手推球击球动作：正拍面向正前方击球为推直线球；正拍面向斜前方击球为推斜线球。

正手高手位勾对角线击球动作：上臂内旋带动肘部稍稍回位，手腕由伸腕至收腕发力切击球托的右后侧部位。

③回动：击球后右脚立即蹬地向中心位置回动，同时手臂回收至胸前，准备回击下一个来球。

2. 前场正手扑球技术

羽毛球前场正手扑球技术是一项在对方来球过网高度较高时，可以直接得分的重要技术（图3-35）。

图3-35

（1）判断起动

使用前场跃起扑球的步法向来球方向移动，在右脚蹬地向前跨出或者腾空跃起的同时，持拍手臂高举并向头部前上方伸出，前臂略微外旋回环引拍。

（2）击球动作

扑球的击球点要高于球网的顶部。击球时，前臂内旋，手腕以伸展姿势向前下方快速挥拍；击向球托正面。如果来球距离球网较近，为了避免击球后因控制不住球拍的惯性而触网，可以采用从右向左与球网几乎平行的方向来挥拍击球。

（3）回动

击球后手臂以制动的动作结束，做好准备迎接下一个来球（图3-36）。

图3-36

第五节　步法

一、学习羽毛球步法的重要性

羽毛球步法对于球员在比赛中的表现具有至关重要的作用。步法不仅影响打球时的击球时机、位置选择和体力分配，还直接关系到球员的防守能力、进攻威胁、战术执行以及心理优势等多个方面。在日常训练中，应该高度重视步法的训练，不断提高自己的步法水平和移动能力。

1. 增强自信心

当球员熟练掌握了步法技巧后，他们在比赛中会更有自信。因为他们知道自己能够迅速到位并准确击球，这种自信心会激励他们更加积极地参与比赛并发挥出更好的水平。

2. 快速移动与到位

羽毛球比赛节奏快，球速高，球员需要快速移动到球的落点并准确击球。良好的步法能够使球员迅速调整位置，确保在最佳击球点完成击球动作，从而提高击球的准确性和质量。

3. 击球时机与位置

良好的步法能够使球员迅速移动到最佳击球位置，确保在最佳时机击球。羽毛球运动中的击球点选择非常关键，合适的击球点不仅可以提高击球的稳定性和准确性，还能增加球的威力和变化性。而这一切都离不开灵活、迅速的步法。

4. 提升进攻威胁

在进攻时，准确的步法能够为球员创造更好的进攻机会。通过快速移动和合理站位，球员可以更好地利用场地空间，打出更具威胁性的进攻球，增加对方防守的难度和压力。

5. 提高战术执行能力

羽毛球比赛不仅是技术和体力的较量，更是战术的博弈。良好的步法能够帮助球员更好地执行战术意图，如通过快速移动限制对手的进攻路线、创造进攻机会等。

6. 保持身体平衡

在快速移动和击球过程中，保持身体平衡是至关重要的。正确的步法不仅能够帮助球员快速移动，还能在击球时保持稳定的身体姿态，减少因失去平衡而导致的失误。

7. 心理优势

在比赛中，良好的步法表现能够给球员带来心理上的优势。当球员能够迅速、准确地移动到击球位置时，他们会更加自信地面对比赛中的挑战，减少因失误而产生的挫败感和焦虑情绪。

8. 减少受伤风险

不正确的步法或过度使用某些肌肉群可能导致球员受伤。通过学习和掌握正确的步法技巧，球员可以更有效地分散身体负担，减少受伤的风险。

二、羽毛球的步法

1. 准备姿势

（1）接发球起动准备姿势

身体站在距前发球线1.5～1.8米的位置。

左脚在前，右脚在后，两膝微屈，重心放在左脚上（图3-37）。

图3-37

两脚均前脚掌着地，脚后跟微抬起。正手握拍于身体右侧，拍面朝前，拍头高于肩，左手臂自然抬起；目光注视对方（图3-38）。

图3-38

（2）回合中起动准备姿势

右脚在前，左脚在后，右脚比左脚前出半脚位，前脚掌着地，脚跟提起，两膝微屈，上体微前倾，重心在两脚之间晃荡，保持随时可以起动的状态。将球拍持至右腹前上方，但不得高于胸，目光注视对方（图3-39）。

图3-39

2. 基本步法

（1）蹬跨步

蹬跨步多用于上网击球和后场抽球，这种步法的要领是在移动的最后一步，左脚用力向后蹬的同时，右脚向来球的方向跨出一大步。

跨步脚在落地的时候脚跟先着地，脚尖要朝向来球的方向。这样做的好处就是让右脚落地更稳，保持身体的平衡。在跨出右脚的同时，要注意身体的重心需要跟随移动，不要出现身体晃动或者失去平衡的情况。

（2）交叉步（前交叉、后交叉）

交叉步是左右脚交替向前、向侧或向后移动。一般多用在前进和后退时，分为前交叉步和后交叉步。

前交叉步：左脚从右脚前面向前超越（图3-40）。

图3-40

后交叉步：左脚从右脚后面向前超越（图3-41）。

图3-41

（3）并步

右脚移动一步，左脚即刻向右脚跟进一步（未超越），右脚再迈出一步（图3-42）。

图3-42

（4）腾跳步

腾跳步可以快速起动，调整站位，多用在扑球和突击杀球时（图3-43）。

图3-43

腾跳步在上网扑球时的应用：提前判断对手的击球意图，做好启动准备。腾跳时要轻盈，扑球时手腕发力要快速、精准。在腾跳和扑球过程中注意保持身体平衡，避免失去重心（图3-44）。

图3-44

图3-44

　　腾跳步在杀球时的应用：当判断对手回球较高且适合杀球时，利用脚踝和小腿的力量快速蹬地起跳。起跳时身体略微向后倾斜，腾跳的高度要适中，以确保能够在最高点击球（图3-45）。

图3-45

3. 组合步法

根据来球的远近，可将羽毛球步法分为一步、二步和三步，在实际步法运用中，可根据个人的喜好采取前交叉、并步和后交叉。

（1）一步上网

当来球距自己较近时，可用一步上网的步法去迎击来球。右脚直接向来球方向迈出一步。调整重心，左脚向右脚转移，同时左脚用力蹬地，右脚提起向来球方向跨出。右脚着地时，脚跟先着地，沿脚的外侧依次缓冲着地，脚尖稍外展。左脚在后，用脚尖内侧拖带向前跟进一小步，以协助右脚回蹬回位（图3-46）。

图3-46

（2）二步上网（并步）

向前移动时左脚向右脚后部跟进一步（未超越），右脚再向前迈出一步。左右脚局部动作要领同一步上网的步法（图3-47）。

图3-47

（3）二步上网（后交叉步）

向前移动时，左脚从右脚后面超越，右脚再向前迈出一步。左右脚局部动作要领同一步上网的步法（图3-48）。

图3-48

（4）二步上网（前交叉步）

向前移动时，左脚从右脚前面超越，右脚再向前迈出一步。左右脚局部动作要领同一步上网的步法（图3-49）。

图3-49

（5）三步上网（后交叉步）

向前移动时，右脚先向来球方向迈出一步，左脚再从右脚后面超越，右脚再向前迈出一大步到位。左右脚局部动作要领同一步上网的步法（图3-50）。

图3-50

（6）三步上网（并步）

向前移动时，右脚先向来球方向迈出一步，左脚向右脚后面跟进（未超越），右脚再向前迈出一大步到位。左右脚局部动作要领同一步上网的步法（图3-51）。

图3-51

图3-51

（7）三步上网（前交叉步）

向前移动时，右脚先向来球方向迈出一步，左脚从右脚前面超越，右脚再向前迈出一大步到位。左右脚局部动作要领同一步上网的步法（图3-52）。

图3-52

4. 中场移动

（1）中场一步向右移动

站立于场地中央，两脚开立，脚跟稍提起。判断来球后，调整重心，上体向右转。左脚前掌内侧用力蹬起，右脚同时向右侧跨出大步。当来球稍远时，在上体向右转时，左脚可先向右垫一小步，再用力蹬起，右脚同时向右侧转跨出大一步，重心落在右脚（图3-53）。

图3-53

图3-53

（2）中场一步左侧移动

调整重心，右脚前掌内侧用力蹬起，左脚同时向左侧来球方向转跨出一大步，重心落在左脚（图3-54）。

图3-54

（3）中场二步移动

当中场左手位来球较远时，可采用二步移动的方法。左脚先向左侧移动一小步，身体向左侧转身的同时，右脚从左脚前交叉越过，再跨迈大步。左脚掌内侧用力蹬起，重心落在右脚（图3-55）。

图3-55

5. 后退

（1）侧身一步后退击球

当来球至后场时，迅速转体，同时右脚随转体向右后撤跨大步，侧身对球网，迎击来球。在正手与头顶击球的后退步法中，步子到位后，也可以右脚起跳或双脚起跳，腾空击球。击球后，左腿后摆，身体重心向前转移，左脚着地后，立即蹬地并回至中心，准备迎击下一个来球（图3-56）。

图3-56

（2）后交叉步后退

当来球至后场时，迅速转体侧身，同时右脚随转体向右后撤跨大步，左脚再从右脚后交叉越过右脚，右脚再向后撤跨一大步，重心在右脚上（图3-57）。

图3-57

图3-57

（3）前交叉步后退

整个动作与后交叉后退步法相同，只是第二步时，左脚是从右脚前交叉越过右脚（图3-58）。

图3-58

（4）反手二步后退

来球较近时，可采取二步后退步法击球。首先身体的重心向左后转移，左脚向左后撤一小步，接着身体左转。背对球网，重心在右脚上，反手后场击球（图3-59）。

图3-59

6. 步法运用中的注意事项

（1）准备与回位

要站在利于向场区各个角落移动的位置，而并非场区的中央。根据对手的情况，站位有时靠前、有时靠后、有时靠左、有时靠右。

初学羽毛球时一般后场较弱，而在单打战术上一般双方都以攻后场为主，迫使对方回击质量不高的球，伺机进攻得分，所以对初学者而言站位应偏后，以弥补后场缺陷。双方具有一定水平时，攻后场不一定有好的效果，可以站得靠前一些，以赢取主动。

（2）准备姿势

基本站法有右脚在前、左脚在前和双脚平站三种。平站利于防守，不利于上网和后退。一脚在前的站法利于上网和后退但不利于防守。三种站法各有利弊，要根据场上不同的情况灵活应用。

（3）回位

当移动步法到位击球后，就要迅速回到中心位置。这个中心位置是相对的，不是说一定要回到场区的某个位置，而是要根据来球情况具体对待。比如，我方回击高球到对方的正手半场位置，此时对方很可能用杀球来回击，此时，我方的回动站位就要靠左场区一点，防止对方杀直线球类。

第四章

羽毛球运动的基本术语

与击球技术要素

第一节　羽毛球运动的基本术语

羽毛球技术术语是羽毛球运动中的专业表达，它们对于理解和掌握羽毛球技术动作、提升比赛技能有着重要的作用，以下是羽毛球技术术语重要性的详细分析。

一、掌握羽毛球术语的必要性

1. 技术动作标准化

掌握羽毛球技术术语，可以帮助羽毛球爱好者更好地理解和执行技术动作。无论是在学习和练习的过程中，还是在赛场上，使用"吊球""杀球""高远球"等专业术语，可以使学习者更加准确地使用这些技术。

2. 技术动作一致性

掌握羽毛球技术术语还有助于学习者在学习和模仿他人技术时，有共同的语言和理解标准，更准确地把握动作要点，从而提升技术动作的标准化程度和一致性。

3. 增强战术意识

了解和运用羽毛球战术术语，如"快速高吊突击进攻""防守性技术"等，在羽毛球比赛中尤为重要，因为战术意识的强弱会直接影响到比赛的胜负。羽毛球战术术语可以帮助学习者在比赛中更好地观察对手、判断局势，并据此制订出更为合理的战术策略。

4. 提升应变能力

掌握羽毛球战术术语，在赛场上有共同的语言和理解标准，更能够增强搭档之间的沟通和配合，提高整体的战术执行力。

5. 增强观赛体验感

羽毛球比赛的观赏性和娱乐性较强，通过使用技术术语描述比赛过程中的精彩瞬间和技术动作，可以让观众更加深入地理解比赛的进程和球员的表现，很大程度上可以提升观赛体验感。

二、羽毛球步法技术术语

羽毛球步法是指脚步移动的方案。判断起动要从接球前的准备开始，在对方出手击球的瞬间，判断来球方向，同时双脚前脚掌迅速蹬地向来球方向起动，迅速移动到位、争取有利击球位置，是移动的重点。

熟练掌握并灵活运用羽毛球步法，能让你在球场上更加自如地移动，更好地应对各种来球，也能提高击球的质量和效果。

1. 跨步

指向击球点迈出较大步幅的移动，通常在上网步法的最后一步时使用。比如两侧蹬跨步，在对方来球速度较快、落点比较偏内时运用较多。

2. 垫步

指在移动到最后一步，与击球点尚有较短距离时，用另一脚再加一小步的移动。这种步法轻捷、灵巧，能使移动步数更经济，还能保持身体重心稳定，利于协助击球动作完成。

3. 并步

并步是指双脚同时或交替向前、向侧或向后移动一小步。以向右移动为例，左脚先向右脚并拢一步，同时右脚迅速向右前方跨出一小步。然后左脚再跟上，形成连续的并步移动。在移动过程中，双脚要保持一定的距离，避免相互碰撞或绊倒。这种步法较多地运用在上网、接杀球和正手后退突击扣杀时。

4. 交叉步

指侧对击球点方向，两脚采用前、后交叉的移动。步幅较大，移动中身体重心比较稳定。

5. 蹬跳步

指移动到最后一步，采用单脚或双脚起跳击球的一种移动。

三、羽毛球手法技术术语

1. 手法

羽毛球的手法是指握拍手击球的动作方法。

（1）手臂内旋

握拍手向身体内侧方向转动（图4-1）。

图4-1

（2）手臂外旋

握拍手向身体外侧方向转动（图4-2）。

图4-2

（3）手腕外展

拇指向桡骨侧靠拢（图4-3）。

图4-3

（4）手腕内收

小指向尺骨侧靠拢（图4-4）。

图4-4

（5）手腕后伸

手腕由矢状面位置开始向后移动（图4-5）。

图4-5

（6）手腕前屈

手腕由矢状面位置开始向前移动（图4-6）。

图4-6

2. 击球点

（1）击球点偏前

身体、球拍与来球之间的距离相对远，身体位置在后，击球点在前，只能是"够着"去击打来球。击球点偏前的问题在于击出的球容易下网（图4-7）。

图4-7

（2）击球点偏后

击球点的位置在身体中线之后，球已经超过了最佳击打位置，不利于发力（图4-8）。

图4-8

（3）击球点偏低

击球点的位置离身体比较近，只能是采用屈臂的方式击球，无法充分发力（图4-9）。

图4-9

3. 持拍手与非持拍手

握持球拍的手称为持拍手，没有握持球拍的手称为非持拍手。

非持拍手发球的时候用于持球、抛球；击球的过程中协助持拍手保持身体平衡，辅助完成击球动作。

4. 握拍

握拍是指持拍手与球拍柄的接触方式。

5. 引拍

引拍是指击球的前期准备阶段。通过向击球的反方向引拍产生力臂，用以为发力击球做准备。

6. 击球

（1）正手击球

用与持拍手手掌心同向的正拍面击球的方法称为正手击球。

（2）反手击球

用与持拍手手背同向的反拍面击球的方法称为反手击球。

（3）头顶击球

以右手持拍为例，当持拍手采用正拍面回击左肩前上方，即反手上手区域的来球时，称为头顶击球。

四、羽毛球战术技术术语

1. 站位

站位是根据战术安排和对方的技术特点，在对方击球之前，我方选择的有利位置。

（1）单打中心位置

球网至端线半场的中心稍靠后大约半步的位置（图4-10）。

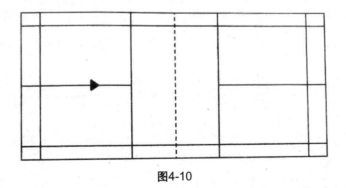

图4-10

（2）双打中心位置

双打中可以选择前后站位方式，前场选手负责处理发球线以前区域的来球，后场选手负责处理中场和后场大部分区域的来球（图4-11）。

①前场选手中心位置：前发球线与场地中线交叉点附近的位置。

②后场选手中心位置：双打后发球线与场地中线交叉点向前一步的位置。

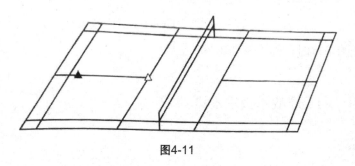

图4-11

2. 双打防守中心位置

双打防守时一般采用平行分边防守站位。双打中防守的中心位置在半场场地的中部。防守时两人分开，站立于左右场区的中心，原则上是各自负责处理自己所在半场区域的来球，当对方的来球击打至两人的结合部位时，一般由当时正处于正手位击球位置的选手来回击（图4-12）。

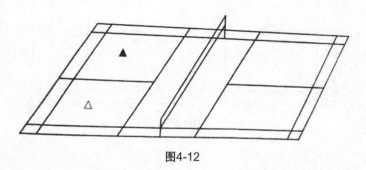

图4-12

3. 竞赛节奏

竞赛节奏是指双方一来一往击球所需的时间，快慢由击球速度和飞行弧线等因素决定。

4. 球路

球路是指根据战术的需要，有选择地将各种出球路线进行组合。

5. 击球力量

击球力量是指持拍手挥拍作用于球托上击打的力量。

6. 正拍面击球与斜拍面击球

（1）正拍面击球

球拍面与球托呈正面接触。

（2）斜拍面击球

球拍面与球托呈斜面接触。

7. 发球者与接发球者

（1）发球者

行使发球权的选手称为发球者。

（2）接发球者

接对方发球的选手称为接发球者。

8. 击球前的准备姿势

击球前的准备姿势是指在准备和判断对方出球阶段，等待对方来球的姿势。

9. 判断

判断是指根据对方的战术意图、击球规律、技术动作特点等，在其出球前所做出的预测，即猜测对方会将球击打到什么位置。

10. 半场球

（1）击打力量不足的半场球

由于击球力量不足，击出的球飞不到对方后场的端线，只飞到对方中场附近。

（2）前场选手与后场选手之间的球

双打中将球击到对方前场选手和后场选手之间的位置。

11. 技术动作一致性

保持技术动作的一致性是具有迷惑对手作用的。在后场、前场或者中场做同类击球技术动作时，击球前的准备、引拍阶段的姿势等都相同，即保持技术动作一致性，让对手不容易判断出我方的出球意图。

第二节 击球技术要素

一、击球区域

1. 前场击球区域

前场区域是指前发球线附近至球网的区域（图4-13）。

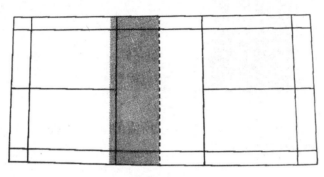

图4-13

2. 后场击球区域

后场击球区域是指双打后发球线附近至场地底线的区域（图4-14）。

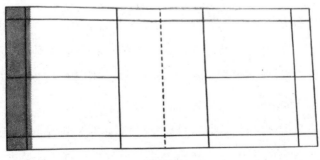

图4-14

3. 中场击球区域

中场击球区域是指前发球线以后至双打后发球线以前的区域（图4-15）。

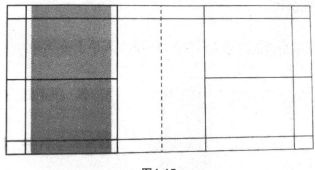

图4-15

4. 左场区和右场区

以发球区的中线为界限，将场地分为左场区和右场区。

二、击球位置

1. 右边线击球

羽毛球右边线击球位置主要指的是在羽毛球场地右侧边线附近的击球点。这些位置包括右场区的前场、中场和后场边线附近。在这些位置，球员可以根据比赛情况和战术需要，选择不同的击球线路和方式。

（1）直线球

在右边线击球位置，球员可以将球沿右边线平行线击至对方的右边线区域，这种方式击出的球被称为"直线球"。直线球速度快、线路直，留给对方球员的反应时间较短。

（2）斜线球

同样在右边线击球位置，球员也可以将球击向对方的左边线，这种方式击出的球被称为"斜线球"。斜线球能够改变球的飞行轨迹，增加对手接球的难度。

（3）中路球

除了直线球和斜线球外，球员还可以选择将球击至对方球场的中线附近，这种方式击出的球被称为"中路球"。中路球可以迫使对方球员在接球时做出更多的判断和移动。

2. 左边线击球

左边线击球位置主要指的是在羽毛球场左侧边线附近的击球点。这些位置包括左场区的前场、中场和后场边线附近。在这些位置，球员需要根据比赛情况和对手的特点，选择合适的击球线路和方式。

（1）直线球

在左边线击球位置，球员可以将球沿左边线平行线击至对方的左边线区域，这种方式击出的球被称为"直线球"。直线球速度快，线路直，能够给对方球员造成较大的压力。

（2）斜线球

同样在左边线击球位置，球员也可以将球击向对方的右边线，这种击球方式被称为"斜线球"。斜线球能够改变球的飞行轨迹，增加对手接球的难度，并为自己创造更多的进攻机会。

（3）中路球

除了直线球和斜线球外，球员还可以选择将球击至对方球场的中线附近，这种方式击出的球被称为"中路球"。中路球可以迫使对方球员在接球时做出更多的判断和移动，从而为自己创造进攻或防守的优势。

3. 中线击球

羽毛球的中线击球是指在羽毛球场地的中线上或中线附近进行的击球动作。中线是羽毛球场地的重要标线之一，其将场地分为左右两个相等的区域。在中线击球时，球员需要特别注意击球的准确性、力量和方向，以确保球能够越过球网并落在对方的有效区域内。

4. 发球位置

（1）单打发球位置

①基本位置：单打时，发球者通常站在离发球线1米至1.5米的位置，这个位置有利于发球者控制球的飞行轨迹和落点，同时也有利于防守对方的回球。

②发球区：根据得分情况，发球者需要在不同的发球区发球。遵循"左单右双"的原则，即当发球方的得分为单数时，在左发球区发球；当发球方的得分为双数时，在右发球区发球。这一规则确保了比赛的公平性和交替性。

③站位细节：发球时，发球者一般左脚在前，右脚在后，双膝微屈，收腹含胸，身体重心放在前脚上，后脚脚跟稍抬起。身体半侧向球网，球拍举在身前，两眼注视对方。

（2）双打发球位置

①基本位置：双打时，发球者通常站在靠近前发球线与中线交点的位置，这个位置有利于发球者快速起动并覆盖网前区域。

②发球区：同样遵循"左单右双"的原则，但双打比赛中的发球区域比单打要短，因此发球时需要更加注意控制球的飞行轨迹和落点，避免被对方扣杀。

③站位细节：双打发球时，发球者的站位与单打相似，但身体前倾角度可能更大，以便更好地控制网前区域。同时，发球者的队友应站在后场准备接应对方的回球。

5. 主动击球

击球点的位置在击球者肩部以上，便于发力，也称高手位置击球。

6. 半主动击球

击球点的位置在击球者肩部和腰部之间，发力会受到限制，也称中高手位置击球。

7. 被动击球

击球点的位置在击球者膝盖附近，不便于发力，也称低手位置击球。

三、击球范围

1. 正手击球范围

正手击球的范围主要集中在身体的右前方（对于右手持拍者）或左前方（对于左手持拍者）。

（1）后场正手区域

后场正手区域是球员进行高远球、杀球、吊球等进攻性击球的主要区域，从前发球线到场地底线之间的右侧区域内（以右手持拍者为例），球员可以采用正手高远球、杀球、吊球等技术进行击球。

（2）中场正手区域

中场正手区域是球员采用平抽球、平高球、推球等技术的区域，位于后场和网前之间的右侧区域（以右手持拍者为例），球员需要快速反应，利用平抽球、平高球等技术来控制比赛节奏。

（3）网前正手区域

网前正手区域是球员采用放网前球、搓球、勾对角等细腻技术的区域，靠近球网的右侧区域（以右手持拍者为例），球员需要具备良好的手感和控制力，以应对对手的网前小球。

2. 反手击球范围

反手击球的范围主要集中在身体的左后方（对于右手持拍者）或右后方（对于左手持拍者）。

（1）后场反手区域

后场反手区域是球员进行反手高远球、反手杀球等进攻性击球的主要区域，从前发球线到场地底线之间的左侧或右侧区域（根据持拍手的不同）。在这个区域内，球员需要采用反手握拍法，通过转身、引拍、挥拍等动作来完成击球。

（2）中场反手区域

中场反手区域是球员采用反手平抽球、反手推球等技术的区域，位于后场和网前之间的左侧或右侧区域（根据持拍手的不同）。在中场反手区域，球员需要快速反应，利用反手平抽球、反手推球等技术来控制比赛节奏。

（3）网前反手区域

网前反手区域是球员采用反手放网前球、反手搓球、反手勾对角等细腻技术的区域，靠近球网的左侧或右侧区域（根据持拍手的不同）。在网前反手区域，球员需要具备良好的手感和控制力，以应对对手的网前小球。

3. 头顶击球范围

羽毛球的头顶击球范围主要指的是球员在场上使用正拍面还击位于身体异侧（通常是左侧，对于右手持拍者而言）肩部上方的来球时所覆盖的区域。这个区域通常被称为"头顶区"或"上手接球区"，可以理解为肩部以上的反手区。

头顶击球区域大致位于球员身体的左上方（右手持拍者），即肩部以上、身体左侧的区域。这个区域对于非主导手（通常是左手，对于右手持拍者而言）来说较难直接触及，因此需要借助转身、引拍等动作来完成击球。

四、球的运行轨迹

本书中将羽毛球在空中飞行的轨迹称为弧线，球的运动轨迹有如下几种。

1. 高弧线飞行

羽毛球的高弧线飞行通常是指球在空中的飞行轨迹呈现较高的抛物线状态。

2. 低弧线飞行

羽毛球的低弧线飞行通常是指球在空中的飞行轨迹呈现较低的抛物线状态，这种飞行弧线往往具有较快的飞行速度和较短的滞空时间。

3. 平行弧线飞行

羽毛球的平行弧线飞行是指球在空中的飞行轨迹大致与地面平行或接近平行的状态。这种飞行方式在羽毛球比赛中具有一定的战术意义和应用场景。平行弧线飞行在比赛中常用于快速反击、压制对手或控制比赛节奏等战术目的，可通过中场平抽球、网前平推球、后场平高球等方式实现。

4. 向下弧线飞行

羽毛球的向下弧线飞行是指球在空中的飞行轨迹呈现向下的抛物线状态，这种飞行方式在羽毛球比赛中具有特定的战术意义和应用场景。向下弧线飞行的羽毛球具有较快的下落速度，能够迅速穿越对方的防守区域并落地。由于球的飞行轨迹向下，对方需要快速做出反应并调整站位来防守，增加了防守难度，也提高了失误的可能性。向下弧线飞行可以与不同的击球技术和战术相结合，如杀球结合网前小球、吊球结合平抽快挡等，形成多样化的战术组合。

5. 旋转飞行

击球后，羽毛球在空中改变运行方向，以旋转翻滚的轨迹向前飞行。由于运行轨迹特殊，增强了比赛的复杂性和观赏性。羽毛球的旋转飞行在比赛中可以使球的行踪更加难以预测，增加对手的判断难度和回球难度。同时，旋转飞行还可以帮助球员创造进攻机会、改变比赛节奏和降低对手的回球质量。

6. 直线飞行

羽毛球的直线飞行是指球在空中的飞行轨迹大致为一条直线或接近直线的状态。这种飞行方式在羽毛球比赛中非常常见，也是球员们追求的基本目标之一。直线飞行的羽毛球通常具有较快的飞行速度，能够迅速穿越对方的防守区域。由于飞行轨迹为直线或接近直线，球的飞行轨迹相对稳定，不易受到外部因素的干扰。直线飞行在比赛中常用于快速反击、压制对手或控制比赛节奏等战术目的。

7. 斜线飞行

羽毛球的斜线飞行是指球在空中的飞行轨迹大致呈对角线或斜线状态。这种飞行方式在羽毛球比赛中具有独特的战术意义和应用场景。斜线飞行的羽毛球具有较大的飞行角度，能够快速调动对手，使其在不同位置之间移动。由于飞行轨迹较长，斜线飞行的羽毛球在空中的飞行时间也相对较长，给对手留下更多的反应时间。斜线飞行可以与不同的击球技术和战术相结合，形成多样化的战术组合。例如，结合网前小球和斜线后场球来调动对手；或者在防守时利用斜线飞行来化解对方的进攻等。

五、基本击球路线

1. 后场区域击球路线

羽毛球后场区域的击球路线主要包括直线、斜线和中路三种基本类型。这些路线以击球者的位置为基准，根据球的飞行方向和落点位置进行划分。

（1）直线击球

击球路线与边线平行，球从后场直接飞向对方后场的相应位置。后场区域直线击球适用于快速反击、压制对手或控制比赛节奏。

（2）斜线击球

击球路线与边线有较大的角度，球从后场的一个角落飞向对方后场的另一个角落。后场区域斜线击球能够有效调动对手，增加其跑动距离和回球难度。

（3）中路击球

击球路线穿过场地中线，飞向对方后场的中部区域。在实际比赛中，中路击球相对较少见，因为中路往往是防守的重点区域，容易被对手拦截。

2. 前场区域击球路线

羽毛球前场区域的击球路线主要包括放小球、搓球、推球、勾对角球和扑球等。

（1）放小球

球员使用球拍轻轻切、托球，使球以较低的弧线飞过网顶，落在对方场地的近网处。这种击球路线短、速度快，常用于限制对方的进攻。

（2）搓球

球员用球拍搓击球的左侧或右侧下部与球托底部，使球向右侧或左侧旋转并翻滚过网。搓球产生的路线变化多端，能够迫使对方在被动中回球。

（3）推球

球员用球拍将球快速推至对方后场，路线一般为直线或对角线。推球要求力量适中、角度刁钻，以破坏对方的防守节奏。

（4）勾对角球

球员用球拍将球勾至对方场地的对角线位置，这种击球路线突然且难以预测，能够打乱对方的站位和防守。

（5）扑球

当来球在网顶上方时，球员以最快的速度上网扑压来球。扑球路线短而急，威胁极大，常能直接得分。

3. 中场区域击球路线

在中场区域，球员常用的击球技术包括平抽球、平推球、接杀球、挑球等。这些技术能够产生不同的击球路线，以适应不同的比赛情况。

（1）平抽球

平抽球是中场区域的一种进攻性击球技术，球速快、路线平。球员通过快速挥拍，将球以较平的路线击向对方场地的后场或中场区域。平抽球的击球路线多为直线或对角线，能够快速压制对手，打乱其防守节奏。

（2）平推球

与平抽球类似，平推球也是中场区域的一种快速击球技术。不同的是，平推球的击球点可能稍高一些，球速也稍慢一些。球员通过推击球的下部，使球以较低的弧线飞向对方场地的后场或中场区域。平推球的击球路线同样可以是直线或对角线。

（3）接杀球

当对方球员在后场大力扣杀时，中场球员需要迅速反应，使用接杀球技术将球回击到对方场地。接杀球的击球路线可以是直线、对角线或挑高球。直线和对角线接杀球能够迅速压制对手，而挑高球则能够迫使对手后退，为自己争取更多的进攻机会。

（4）挑球

挑球是一种防守性击球技术，球员通过挑高球将球击向对方场地的后场区域。挑球的击球路线一般为高弧线，球速较慢。在中场区域使用挑球技术时，球员需要注意控制球的弧度和落点，以避免被对方截杀。

第五章

羽毛球运动的基本战术

第一节 基本技术的战术意识与运用

羽毛球的战术与技术是相互影响和作用的，它们之间存在着密切的联系和互动关系。技术的运动中带有战术的意图，战术安排需要用技术来体现。在进行技术素养训练的时候，也要培养战术意识。不仅要知道各种击球的方法，还要知道在什么情况下使用哪种击球方法，将技术和战术融会贯通。

1. 技术是战术的基础

（1）基本技术的掌握

羽毛球运动要求球员具备扎实的基本技术，包括正确的握拍法、快速且隐蔽的手法、准确的击球点和落点，以及灵活合理的步法。这些基本技术是球员在比赛中实施战术的基础。

（2）技术水平的影响

球员的技术水平直接影响其战术的运用效果。只有掌握了全面、正确和实用的技术，球员才能在比赛中灵活地运用各种战术，从而争取比赛的胜利。

2. 战术促进技术的发展

（1）战术需求推动技术创新

随着羽毛球运动的不断发展，战术的不断变化和创新对技术提出了新的要求。球员为了更好地实施战术，需要不断地改进和创新技术，以适应战术的发展需求。

（2）战术实践提升技术水平

在比赛中，球员通过实践各种战术，可以不断地检验和提升自己的技术水平。战术的运用为球员提供了技术提升的实践机会和平台。

3. 技术与战术的相互作用

（1）技术与战术的紧密结合

在羽毛球比赛中，技术和战术是紧密结合的。球员需要根据比赛形势和对手特点，灵活运用各种技术和战术以取得比赛的胜利。技术和战术的紧密结合是羽毛球运动的重要特征之一。

（2）相互促进，共同发展

技术和战术在相互影响和作用下共同发展。技术的进步为战术的创新提供了可能，而战术的发展又反过来推动技术的提升。这种相互促进的关系使得羽毛球运动不断向前发展。

4. 战术意识的培养与运用

战术意识是球员在比赛中根据比赛形势和对手特点，灵活运用各种战术的意识和能力。它对于球员在比赛中取得胜利至关重要。

（1）培养途径

战术意识的培养需要球员在训练中注重观察、分析和判断能力的培养，同时还需要通过比赛实践来积累经验。此外，教练员的指导和战术训练也是培养战术意识的重要途径。

（2）运用策略

在比赛中，球员需要根据比赛形势和对手特点，灵活运用各种战术策略。例如，在进攻时可以采用快速、凶狠的进攻战术来压制对手；在防守时可以采用稳健、沉着的防守战术来消耗对手；在变化时可以采用多变、灵活的战术来打乱对手的节奏等。

第二节　发球与接发球中的战术意识与运用

羽毛球的发球战术意识可以帮助球员在发球环节根据比赛形势、对手特点以及自身能力，灵活运用发球技术和策略，达到控制比赛节奏、取得主动或直接得分的目的。发球战术意识要求球员具备敏锐的观察力、准确分析的能力、灵活应变的能力和强大的心理素质。通过不断的训练和实践，球员可以逐渐提高自己的发球战术意识水平，从而在比赛中占据主动并取得更好的成绩。

一、发球的战术意识

1. 观察与分析

（1）观察对手

在发球前，球员应仔细观察对手的站位、姿势、眼神以及接发球习惯等，以判断其可能的接发球方式和线路。

（2）分析形势

根据比赛比分、场地条件、风向风速以及对手的身体状况等因素，分析当前比赛形势，为发球战术的制订提供依据。

2. 制订战术

（1）选择发球方式

根据对手的特点和比赛形势，选择合适的发球方式，如高远球、平高球、平快球或网前球等。

（2）确定发球落点

通过控制发球的力量、角度和旋转等因素，将球发到对方场地的不同位置，以调动对手或制造进攻机会。

3. 变化与假动作

（1）变换发球节奏

通过改变发球的速度、力量和节奏，使对手难以适应和预判。

（2）运用假动作

在发球前做出与真实发球动作相似的假动作，以迷惑对手并打乱其接发球节奏。

4. 心理战

（1）保持冷静

在发球时保持冷静的心态，不受外界干扰和自身情绪的影响。

（2）施加压力

通过精准的发球和变化多端的战术，给对手施加心理压力，影响其发挥。

二、发球的战术应用

1. 观察对手

注意对手的站位、姿势、眼神以及接发球习惯，判断其可能的接发球方式和线路。

分析对手的身体状况、技术特点和心理状态，为制订发球战术提供依据。

2. 分析比赛形势

考虑当前比分、场地条件、风向风速以及比赛时间等因素，评估比赛形势。根据比赛阶段（如开局、中局、尾局）的不同，制订相应的发球战术。

3. 发球方式的选择

（1）高远球

适用于对手站位靠后或擅长快速进攻时，可迫使对手后退还击，消耗其体力并降低其进攻威胁。

（2）平高球

球速较快，飞行弧线较低，适合在对手站位靠前或反应较慢时突袭其前场或内角底线。

（3）平快球

具有速度快、突然性强的特点，可作为突袭手段直接得分或创造进攻机会。

（4）网前球

能限制对手的进攻并创造进攻机会，适用于对手网前技术较差时。

4. 发球落点的选择和发球节奏的变化

根据对手的站位和接发球习惯，选择将球发到对方场地的不同位置。常用的发球落点包括对方场地的后场底线、前场发球线以及两侧边线等。

通过改变发球的速度、力量和节奏，使对手难以适应和预判。在关键时刻，如比分胶着或需要打破僵局时，可适当加快发球节奏以打乱对手的比赛节奏。

5. 心理战术的应用

（1）保持冷静

在发球时保持冷静的心态和稳定的情绪，不受外界干扰和自身压力的影响。通过深呼吸、调整呼吸节奏等方式来缓解紧张情绪并保持专注力。

（2）施加压力

通过精准的发球和变化多样的战术来给对手施加心理压力并干扰其比赛节奏。在关键时刻敢于冒险并展现出自信和决心以震慑对手并影响其发挥。

三、接发球的战术应用

羽毛球接发球的战术应用是羽毛球比赛中至关重要的环节，直接影响到比赛的开局和后续走势。在接发球时，球员需要根据对手的发球特点、站位以及比赛形势，灵活运用各种战术来应对。接发球的战术应用要求球员在接发球时迅速做出判断，并采取相应的战术来应对对手的发球。

1. 判断与观察

仔细观察对手的站位、姿势、眼神以及发球前的动作，判断对手可能的发球方式和线路。分析对手的发球习惯和技术特点，为接发球做好心理准备。

保持身体放松，调整呼吸节奏，集中注意力准备接发球。根据比赛形势和对手特点，制订相应的接发球战术。

2. 接发球战术的选择

（1）网前小球

当对手发球质量不高，或自己擅长网前技术时，可选择放网前小球来控制对手。注意控制球的落点和弧度，使对手难以直接进攻。

（2）平推球

适用于对手站位靠前或发球质量一般时，通过平推球将球快速推到对手后场，打乱其节奏。注意控制球速和力量，使对手难以回击出高质量的球。

（3）挑高球

当对手擅长网前小球或自己后场进攻能力较强时，可选择挑高球至对手后场。注意球的弧度和落点选择，尽量将球挑到底线附近，增加对手回球的难度。

（4）扑球

当对手发球过网较高且自己站位靠前时，可选择扑球直接得分或创造进攻机会。扑球时要求反应迅速、判断准确且动作果断。

（5）搓球与勾球

适用于对手网前技术一般时，通过搓球和勾球技术控制对手的回球线路和节奏。注意控制球的旋转和弧度，使对手难以回击出高质量的球。

3. 战术配合与应变

（1）与搭档的配合

在双打比赛中，接发球时要注意与搭档的配合与沟通。根据搭档的位置和意图选择合适的接发球方式，并随时准备补位和协防。

（2）应对不同发球

针对对手的发球特点制订相应的应对策略。如对手擅长发高远球，则要注意后场防守；对手擅长发网前小球，则要加强网前控制。

（3）灵活应变

在比赛中保持灵活应变的能力，根据对手的变化和比赛形势的发展及时调整接发球战术。不要拘泥于固定的接发球方式和落点选择，要敢于尝试新的战术以出奇制胜。

4. 心理准备

羽毛球接发球的心理准备直接关系到球员在比赛中的表现和结果。心理准备得充分有助于在比赛中更好地应对接发球环节，提高自己的竞技水平和比赛成绩。

（1）建立自信心

自信心是羽毛球接发球心理准备的基础，建立自信心的关键在于平时的训练和准备，需要通过不断的练习和模拟比赛场景，提高自己的技战术水平和反应能力。

（2）集中注意力

接发球时需要保持高度的专注和集中，不要被外界因素干扰。在比赛前要充分热身，比赛中要保持冷静和镇定，不被对手的表现或比分的变化所影响。

（3）形成预判

根据对手的发球习惯和特点，提前预判球的落点和速度，才能更好地做出反应。要做到预判，球员需要在比赛前对对手进行充分研究和分析，了解其发球的方式和弱点。

（4）应对挑战

羽毛球比赛中，球员需要学会在压力下保持冷静和稳定，不被紧张情绪所影响。球员可通过调整自己的呼吸和节奏来缓解紧张情绪。

（5）积极的心态

保持积极的心态，相信自己能够克服困难并取得胜利，不断在比赛中汲取经验和教训，提高自己的技战术水平和心理素质。

第三节　羽毛球单打的基本战术

一、发球抢攻战术

单打发球一般有高远球、平高球、平快球和网前球几种。业余选手在接发球时，由于动作速度较慢，所以发平快球或平高球到右场区或左场区的反手位时，常常会取得良好的效果。受过专业训练或动作速度较快的选手，还是发高远球或网前小球较为稳妥。发球抢攻就是利用发球使对方被动，给自己创造出进攻机会的一种战术（图5-1）。

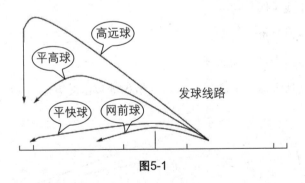

图5-1

图中大圆圈区域为左场区和右场区的反手区域，单打发球时可将球发至此区域，其威胁性较大（图5-2）。

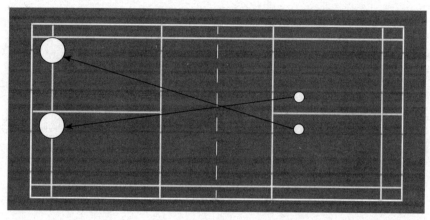

图5-2

二、主攻战术

当发现对方的后场还击力量差，或者回球的落点、线路等准确度差时，就要以攻其后场为主，造成对方被动，然后伺机进攻得分。可先用网前的放、搓、勾和吊球将对方调动至前场，再击出高远球、平高球、平快球或杀球到对方的后场区；或重复回击球到对方的后场区，突然将球回击到前场网前。

回球路线（图5-3）：

①上网搓、推、勾球；

②对方回击出后场高球；

③再以高远球、平高球、杀球、吊球等攻击对方。

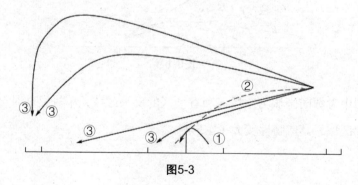

图5-3

1. 主攻前场战术

当发现对方的前场网前小球技术薄弱时，可多运用吊、放、搓、勾等网前技术，调动对方到网前，迫使对方出现回球质量不高，我方再将球回击到对方后场区而争取主动。

2. 打四方球战术

当发现对方体能差或步法不好且慢时，可用打四方球的战术应对：将球以快速和准确的落点打到对方场区的四个角落，调动对方不停地在自己的场区内奔跑（图5-4）。

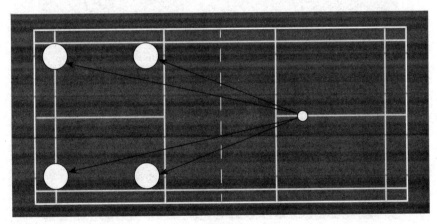

图5-4

3. 攻对角线战术

当对方身体灵活性差或转体较慢时，可用此战术。攻对角线战术就是以打出对角线的球路为主（图5-5）。

①将对方调动至场地左侧或右侧；

②当对方回击出直线球后；

③再打出大斜线球攻击对方相反的位置。

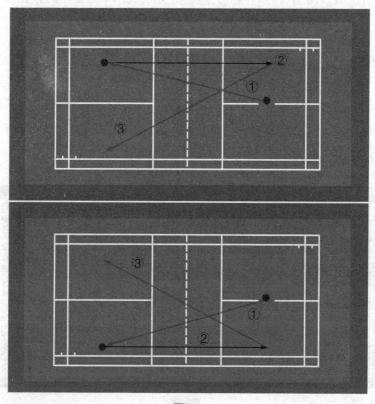

图5-5

4. 杀上网战术

先将对方击来的球杀向对方场区，致使对方回球至网前时，再快速上网运用搓、推、勾、放或直接再杀争取主动。

回球路线（图5-6）：

①杀球；

②对方回击至网前；

③再上网搓、推、勾球。

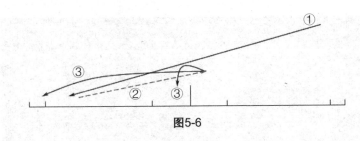

图5-6

第四节　羽毛球双打的基本战术

一、发球与接发球

双打时的发球站位一般稍靠前（靠近前发球线）。在混合双打时，若是女选手发球，其站位也应靠前，若是男选手发球，其站位应相对较后（多在女选手身后）。在双打中，由于发球区域的面积较小，所以为防止对方接发球直接进攻，多以发网前小球为主。在发网前小球时有三个区域可供选择（1号区、2号区和5号区）。发球至哪个区域要看对方接发球员的站位。发完球之后，要注意上网封直线。若接发球方的站位非常靠前，又没有经过高水平训练，也可偶尔发后场球，打破接发球方的习惯球路。

接发球时，由于对发球员有发球的限制，接发球的区域较小，不怕对方发出高球至后场，所以站位一般都比较靠前，给发球方造成心理和技术上的威胁。若发球至3号区、4号区、6号区，可直接后退下压，无须考虑自身的平衡，因为是双打，还有同伴可补偿。若发球为网前小球时，接发球时要尽可能抢高点击球，多用"扑球"的手法将球回击至对方场区的腰部或直接将球"扑"向对方的身体。接发球时最忌讳回击出高球（图5-7）。

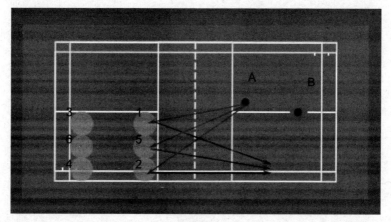

图5-7

①发球至5号区；②接发球时可回击至对方场区的腰部（黄色区），或直接回击追身球（图5-8）。

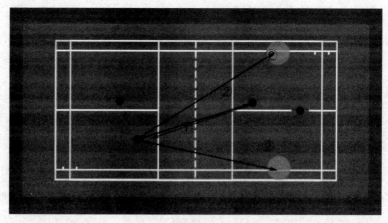

图5-8

1. 攻弱战术

在双打中，双方两名队员的实力是不均衡的，一个强一些，另一个弱一点。怎样寻找出较弱的那个呢？力量小的、速度慢的、攻击力差的、失误多的就是。

2. 攻结合部战术

当对方两人分边站位时，进攻中要尽量将球打到两人的中间位置，即左右空隙之间，当对方两人前后站位时，将球尽量回击到两人的前后结合部，即两人的前后空隙处，造成对方两人相互争抢回击或避让而出现失误。此战术对配合不默契的、动作不灵活的、接半场球技术差的对手很有效（图5-9）。

①C、D队员的前后结合部；②A、B队员的中间结合部。

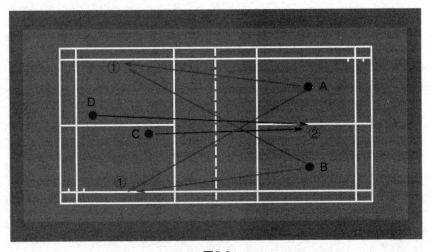

图5-9

3. 前封后攻战术

当在场上取得主动攻势时，即刻调整两人的位置，一个在后场大力杀球，另一个在前场重点准备封网扑杀。一般要多注意直线的封杀。

提示与建议如下。

（1）发球

无论是单打还是双打，规则对发球方有着严格的规定，而对于接发球方则限制很少，所以在比赛前挑边时，应首先选择接发球。

（2）接发球

随着球员的身材高大化和技术不断提高，现在有些球员可以发出具有较大威胁性的球，或直接得分，或破坏对手的节奏，给对手造成巨大影响，伺机得分。所以接发球员应做好思想准备，防止对方发出威胁性较大的球。

（3）进攻

一般在单打进攻杀球时，只可用七八成的力，应考虑一旦杀不死对方，就要进行下一拍的"战斗"；而在双打时，则不必考虑这么多，杀球时可以用尽全力去攻击对方，不用考虑自身平衡，因为同伴可以补打下一拍。

（4）防守

单打防守时，要看对方攻击时的位置，对方进攻的位置靠左，防守的位置就应该靠右，主要是考虑距离短、速度快的直线防守。如果对方打出斜线球，因为距离长、球速慢，也容易防守。若对方进攻的位置靠右，那么防守的位置就应该靠左（图5-10）。

双打防守时，要采取两人平行站位，以防直线为主，靠近直线来球方向的队员应该站在稍靠边一些的位置，这样防守面积变小了，也容易防守了。

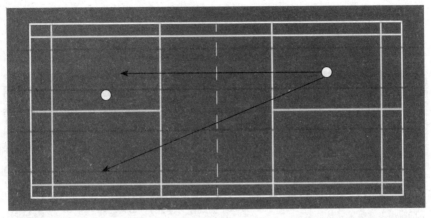

图5-10

防守D队员杀球，B队员站位靠场地边，防守面积变小，较易防守
（图5-11）。

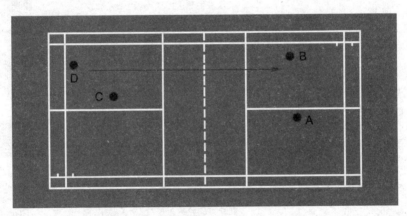

图5-11

混合双打时，由于女队员力量、速度等方面较弱，一般都以前场网
前封杀和搓、放、勾球等网前技术为主，给男队员创造出进攻杀球的机
会。因此，女队员的击球拍数和活动面积应该小一点儿，一般为场地面
积的三分之一，其余三分之二留给男队员。

二、双打发球站位

A、B对阵C、D的双打比赛

过程及解释	比分	发球区	发球员和接发球员	赢球方	图示
A和B挑边并选择了发球。A为首先发球员，C为首先接发球员	0：0	从右发球区发球（因发球方的分数为双数）	A发球，C接发球	A和B	C D B A
A和B得1分。A和B交换发球区，A从左发球区再次发球。C和D在原发球区接发球	1：0	从左发球区发球（因发球方的分数为单数）	A发球，D接发球	C和D	C D A B
C和D得1分，并获得发球权。两人均不改变各自原发球区（即原站位）	1：1	从左发球区发球（因发球方的分数为单数）	D发球，A接发球	A和B	C D A B
A和B得1分，并获得发球权。两人均不改变各自原发球区（即原站位）	2：1	从右发球区发球（因发球方的分数为双数）	B发球，C接发球	C和D	C D A B
C和D得1分，并获得发球权。两人均不改变其各自原发球区（即原站位）	2：2	从右发球区发球（因发球方的分数为双数）	C发球，B接发球	C和D	C D A B
C和D得1分。C和D交换发球区，C从左发球区发球。A和B不改变其各自原发球区（即原站位）	3：2	从左发球区发球（因发球方的分数为单数）	C发球，A接发球	A和B	D C A B
A和B得1分，并获得发球权。两人均不改变各自原发球区（即原站位）	3：3	从左发球区发球（因发球方的分数为单数）	A发球，C接发球	A和B	D C A B
A和B得1分。A和B交换发球区，A从左发球区再次发球。C和D不改变其各自原发球区（即原站位）	4：3	从右发球区发球（因发球方的分数为双数）	A发球，D接发球	C和D	D C B A

第六章

羽毛球专项身体素质训练

羽毛球运动的体能训练方法包括以下几类。

1. 力量训练

羽毛球运动需要快速的移动和爆发力，因此力量训练非常重要。可以进行一些重量训练和爆发力训练，如深蹲、卧推、硬拉等。

2. 耐力训练

羽毛球比赛持续时间较长，需要具备良好的耐力。可以进行一些有氧运动，如跑步、游泳等，以及一些高强度间歇训练，以提高心肺功能和耐力。

3. 速度训练

羽毛球运动需要快速的移动和反应速度，因此速度训练非常重要。可以进行一些短跑、冲刺、折返跑等训练，以提高反应速度和移动速度。

4. 柔韧性训练

羽毛球运动需要关节灵活，因此柔韧性训练非常重要。可以进行一些拉伸运动和瑜伽等训练，以增加关节灵活性和肌肉伸展性。

5. 协调性训练

羽毛球运动需要手眼协调、身体平衡等，因此协调性训练非常重要。可以进行一些球类运动、平衡训练和反应训练等，以提高协调性。

第一节 羽毛球力量素质训练

力量素质是指人体肌肉工作时克服阻力的能力，它是身体素质的基础与核心，对其他素质的发展起积极的促进作用。力量有各种分类：按照肌肉收缩的特点，可以分为静力性力量和动力性力量；按照衡量力量大小的方法，可以分为绝对力量和相对力量；按照力量的表现形式，可以分为最大力量、快爆发力和力量耐力。

一、羽毛球力量素质的特点

1. 爆发力

羽毛球运动需要快速的力量输出，包括起跳扣杀、大力抽球等动作，都要求腿部具备良好的爆发力。

2. 力量耐力

由于羽毛球比赛可能会持续较长的时间，球员需要具备持久的耐力，能够在剧烈的运动强度下保持良好的体能状态以应对对手的挑战。

3. 快速反应

羽毛球比赛中，球员需要具备快速的反应速度，能够在短时间内快速移动和做出迅速的动作。

4. 协调性

羽毛球运动需要球员准确地控制球拍和球，以及身体的协调性，对于手眼和身体的协调性有很高的要求。

5. 核心力量

核心力量的训练是羽毛球球员力量训练中不可忽视的一部分。核心力量训练可以帮助球员提高身体的稳定性，增加肌肉力量，提高身体的协调性和平衡性。

二、羽毛球力量素质训练的要求

1. 针对性

训练内容应针对羽毛球运动的特点，以提高球员在力量、速度、耐力等方面的能力。

2. 均衡性

力量训练应注重全身肌肉群的均衡发展，特别是上肢、下肢和核心肌肉群的协调发展。

3. 渐进性

训练强度和负荷应逐步增加，以避免过度训练和受伤。

4. 多样性

训练方法应多样化，包括重量训练、爆发力训练、耐力训练等，以全面提升球员的力量素质。

5. 恢复性

训练中应安排适当的休息和恢复时间，以帮助球员更好地恢复体力和精神状态。

6. 科学性

训练应根据球员的身体状况和特点进行个性化设计，遵循科学的训练原则和方法。

7. 持续性

力量素质训练应有长期、持续的训练计划，通过不断积累和提升，达到更好的竞技水平。

三、羽毛球力量素质训练的方法

1. 持哑铃练习

通过持哑铃进行挥拍、上举、深蹲等动作，可以锻炼上肢和下肢的力量（图6-1）。

扫码观看
动作视频

持哑铃练习——挥拍

图6-1

持哑铃练习——上举

持哑铃练习——深蹲

图6-1

2. 徒手练习

俯卧撑、平板支撑、仰卧起坐等基础力量训练，可以增强核心肌肉的力量（图6-2）。

徒手练习——俯卧撑

徒手练习——平板支撑

图6-2

扫码观看
▶ 动作视频 ◀

徒手练习——仰卧起坐

图6-2

3. 拉力绳挥拍练习

将拉力绳固定住，单臂或双臂拉动拉力绳进行挥拍练习，可以增强上肢和肩部的力量（图6-3）。

扫码观看
▶ 动作视频 ◀

图6-3

4. 连续挥拍练习

按照羽毛球的各种击球动作，快速连续地挥拍，可以提高手眼协调性和手臂的力量（图6-4）。

图6-4

5. 对墙连续挥拍击球

对着墙面连续挥拍击球，可以提高连续挥拍质量和反应速度（图6-5）。

图6-5

6. 拉力绳力量练习

利用拉力绳进行各种力量的训练，如推、拉等，可以增强上肢和核心肌肉的力量（图6-6）。

拉力绳练习——推

拉力绳练习——拉

图6-6

7. 杠铃练习

使用杠铃进行推举、卧推等训练，可以增强上肢和躯干的力量（图6-7）。

杠铃练习——推举

杠铃练习——卧推

图6-7

8. 双人练习

双人推手、双人俯卧撑等合作训练，可以增强核心肌肉和上肢的力量，并提高身体协调性和平衡性（图6-8）。

双人推手

双人俯卧撑

图6-8

第二节 羽毛球耐力素质训练

一、羽毛球耐力素质的特点

羽毛球耐力素质的特点主要表现在速度耐力和有氧耐力两个方面。

1. 速度耐力

羽毛球运动需要球员具备快速反复多次运动的能力，这是以磷酸原系统反复供能为主的。

2. 有氧耐力

羽毛球运动中有氧能力水平是不断变化的，而且有氧耐力多是以全身的肌肉力量耐力表现出来的。

二、羽毛球耐力素质训练的要求

1. 以有氧耐力为主

羽毛球耐力训练应以有氧耐力为主，通过长时间的有氧训练提高心肺功能，增强球员的持续运动能力。

2. 重视无氧耐力训练

在耐力训练中，应适当安排无氧耐力训练，以提高球员在比赛中应对高强度、间歇性运动的能力。

3. 提高速度耐力

通过速度耐力训练，使球员能够在比赛中保持快速、灵活的动作，提高击球和移动的速度。

4. 结合技术训练

耐力训练应与技术训练相结合，使球员在比赛中能够更好地运用技术和节省体力。

5. 个性化训练

针对不同球员的特点和需要，制订个性化的耐力训练计划，以达到更好的训练效果。

6. 注意恢复和休息

在耐力训练中，应合理安排恢复和休息时间，避免过度训练和疲劳，确保球员的身体和心理健康。

三、羽毛球耐力素质训练的方法

1. 跑步训练

（1）中、短距离跑

通过中、短距离的冲刺训练，可以提高速度和爆发力，增强腿部肌肉的力量和耐力（图6-9）。

中、短距离跑

图6-9

（2）中、长距离跑

中、长距离的跑步训练能够提高心肺功能和耐力水平，增强身体的持久力和适应性（图6-10）。

中、长距离跑

图6-10

（3）变速跑

通过变速跑训练，可以提高运动员在不同速度下的切换能力和应对突发状况的快速反应能力（图6-11）。

扫码观看
动作视频

变速跑

图6-11

2. 间歇训练与循环训练

（1）间歇训练

在不同强度的训练之间设置一定的休息时间，通过反复的间歇训练来提高球员的耐力和速度。

（2）循环训练

通过一系列不同强度和形式的训练项目，让球员按照一定的顺序进行循环训练，以全面提高其身体素质和耐力水平（图6-12）。

扫码观看
动作视频

图6-12

3.跳绳训练

通过跳绳训练，可以提高球员的协调性和节奏感，同时也能增强心肺功能和耐力水平（图6-13）。

扫码观看
动作视频

图6-13

第三节　羽毛球速度素质训练

一、羽毛球速度素质的特点

1.反应速度

反应速度指的是对突然出现的情况能及时做出反应的能力。在羽毛球比赛中，由于动作快速多变，需要球员根据对手的动作、位置、速度等因素迅速做出准确的判断和反应。

2. 动作速度

动作速度是指完成单个或系列动作所需要的时间。在羽毛球运动中，动作速度直接影响到击球的力度、方向和准确性，对于技术的掌握和比赛中的表现至关重要。

3. 位移速度

位移速度是指球员在场上移动的速度。在羽毛球比赛中，快速而灵活的移动能够占据有利的位置，抢占先机，提高防守和进攻的能力。

二、羽毛球速度素质训练的要求

1. 专项性

训练内容应与羽毛球运动的特点相契合，包括反应速度、位移速度和动作速度等，以全面发展球员在羽毛球运动中的速度素质。

2. 全面性

速度训练应与力量、耐力、柔韧性和灵敏性等身体素质训练相结合，以全面提高球员的综合体能水平。

3. 针对性

针对不同球员的特点和需要，制订个性化的训练计划，重点弥补其在速度方面的短板。

4. 科学性

遵循科学的训练原则和方法，合理安排训练强度和负荷，避免过度训练和受伤。

5. 持续性

速度素质训练应有长期、持续的训练计划，通过不断的积累和提升，达到更好的竞技水平。

6. 系统性

速度素质训练应包括基础速度训练和专项速度训练两个层次，基础速度训练是专项速度训练的前提和基础，专项速度训练是速度素质在羽毛球运动中的具体应用。

7. 结合技战术训练

速度素质训练应与技战术训练相结合，使球员在掌握和提高技术的同时，能够更好地运用速度素质，提升比赛中的表现。

三、羽毛球速度素质训练的方法

1. 快速反应训练

通过快速做出反应的训练来提高反应速度，比如听信号起跑、后退跑等（图6-14）。

图6-14

2. 快速位移训练

通过快速移动位置的训练来提高位移速度，比如侧向滑步、交叉步等（图6-15）。

图6-15

137

3. 快速挥拍训练

通过快速挥拍来提高动作速度和反应速度，比如快速高抬腿、快速摆臂等（图6-16）。

扫码观看
动作视频

图6-16

4. 多球训练

通过连续接多个球来提高反应速度和位移速度，比如多球定点快速平抽、多球随机快速平抽等（图6-17）。

扫码观看
动作视频

多球定点快速平抽

多球随机快速平抽

图6-17

5. 比赛模拟训练

通过模拟比赛的情况来提高反应速度和位移速度，比如模拟对手的进攻或防守来快速做出反应。

6. 抗阻力训练

通过施加一定的阻力来提高动作速度和位移速度，比如拉橡皮条、沙衣训练等（图6-18）。

图6-18

7. 间歇性训练

通过不同强度的训练和调整休息时长的间歇性训练来提高速度耐力和恢复能力，比如30米冲刺+30秒休息等。

第四节　羽毛球柔韧性素质训练

一、羽毛球柔韧性素质的特点

1. 全面性

羽毛球运动要求球员的柔韧性素质全面发展，包括肩、腰、髋、膝、踝等以及肌肉和韧带的拉伸能力。这种全面的柔韧性有助于球员在比赛中完成各种技术动作，如跨步救球、弯腰接球等。

2. 动态性

羽毛球比赛中的技术动作往往是动态变化的，这就要求运动员的柔韧性素质也要具备动态性。即在不同的动作和姿势下，球员都能保持良好的柔韧性，以应对比赛中各种突发情况。

3. 与力量素质的协调性

柔韧性素质与力量素质是相互协调的。在羽毛球运动中，球员需要具备足够的力量来完成击球等技术动作，而良好的柔韧性则有助于力量在传递过程中的损失最小化，从而提高动作效率。

4. 对预防运动损伤的作用

良好的柔韧性素质可以降低运动损伤的风险。通过拉伸练习等提高关节活动范围和肌肉伸展性，可以减少因动作幅度过大或扭转过度而导致的肌肉拉伤、关节扭伤等运动损伤。

5. 对技术动作掌握的影响

柔韧性素质对羽毛球技术动作的掌握和发挥具有重要影响。良好的柔韧性有助于球员更准确地掌握技术要领，提高动作质量和稳定性。

二、羽毛球柔韧性素质训练的要求

1. 科学性

训练方法应科学合理，遵循人体生理特点和运动规律，避免过度拉伸和损伤。

2. 系统性

训练应具有系统性，包括准备期、训练期和恢复期等阶段，每个阶段都有明确的训练目标和计划。

3. 针对性

训练应根据不同球员的身体特点和需求，制订个性化的训练计划，重点弥补其在柔韧性方面的短板。

4. 平衡性

柔韧性训练应与力量、速度、耐力等身体素质训练相结合，以实现身体的平衡发展。

5. 结合其他素质训练

柔韧性训练应与其他身体素质训练相结合，如力量、速度、耐力等，以全面提高球员的综合体能水平。

6. 循序渐进原则

在训练过程中应循序渐进地增加训练的难度和强度，避免一开始就进行过度的拉伸练习导致肌肉和关节受伤。

三、羽毛球柔韧性素质训练的方法

1. 静态拉伸

静态拉伸是指在一定的姿势下，缓慢地将肌肉和韧带拉长，并保持一段时间的拉伸方法。例如，坐位体前屈、站立体前屈等。静态拉伸可以帮助提高关节活动范围和肌肉伸展性，适合在训练前和训练后进行（图6-19）。

图6-19

2. 动态拉伸

　　动态拉伸是指通过重复特定的动作来提高关节活动范围和肌肉弹性的拉伸方法。例如，折返跑、踝关节旋转等。动态拉伸可以帮助球员适应比赛中的技术动作，提高动作的灵活性和协调性（图6-20）。

图6-20

3. PNF拉伸

PNF拉伸是指通过肌肉的收缩和放松来达到拉伸效果的训练方法。例如，肌肉收缩后的放松、等张肌肉收缩等。PNF拉伸可以帮助提高肌肉的伸展性和弹性，减少肌肉疲劳和损伤的风险。

第五节 羽毛球协调性素质训练

一、羽毛球协调性素质的特点

1. 动作的流畅性

协调性好的球员在完成技术动作时，动作更加流畅、自然，没有明显的停顿或生硬的感觉。

2. 动作的准确性

协调性好可以使球员能够更准确地控制动作的方向、力度和节奏，使技术动作更加符合运动生物力学原理，从而提高击球的质量。

3. 动作的节奏感

协调性好的球员在完成技术动作时，能够更好地掌握动作的节奏感，使动作更加协调、有力和流畅。

4. 动作的适应性

协调性好的球员在应对复杂多变的比赛情况时，能够更加快速地适应并作出反应，包括快速切换不同的技术动作、应对不同的场地和对手等。

5. 身体的平衡性

协调性好的球员在完成技术动作时，能够更好地保持身体的平衡，减少因动作不协调而导致的失误或损伤。

二、羽毛球协调性素质训练的要求

1. 全面性

训练项目应全面覆盖身体各部位，包括上肢、下肢、躯干等，以实现全身的协调性发展。

2. 多样性

训练项目应多样化，包括不同的动作、节奏和方向等，以提高球员的适应能力和反应速度。

3. 动态性

训练项目应模拟比赛中的动态环境，包括对抗、变换方向和节奏等，以提高球员在动态中的协调性。

4. 科学性

训练项目应根据科学原理进行设计，如运动生物力学、生理学等，以确保训练的有效性和安全性。

5. 渐进性

训练项目应逐步增加难度，从简单到复杂，从基础到高级，逐步提高球员的协调性水平。

6. 长期性

协调性训练应长期坚持，通过不断的练习和训练，逐步形成肌肉记忆，提升运动表现。

三、羽毛球协调性素质训练的方法

1. 徒手训练法

徒手训练一般用于羽毛球练习的开始阶段，主要在热身活动中进行，可以预先使大脑清醒，达到好的运动效果，包括节奏跑练习、节奏踏步、促进协调垫步跳等。

2. 变换训练法

通过变换训练内容、方式、条件，可以提高球员的适应能力和协调性。例如，手脚配合"石头、剪刀、布"等练习法。

3. 心理训练法

通过心理训练，可以帮助球员克服心理障碍，提高自信心和自我调节能力，从而更好地发挥。心理训练的方法包括放松训练、暗示训练、表象训练等。

第六节 羽毛球运动常见的运动损伤与应急处理

在羽毛球运动中要注意预防运动损伤并掌握基本的应急处理方法。在运动前要做好充分的准备活动，注意场地的安全和卫生，避免过度疲劳和过度用力等。如果不幸发生运动损伤，应根据具体情况进行正确的处理，并尽快就医。

1. 皮肤擦伤

皮肤的表皮擦伤是羽毛球运动中最常见的一种损伤。多因跌倒或主动倒地扑救等动作与地面摩擦，或手指、身体其他部位与球拍间的过大摩擦所致。由于皮肤擦伤是一种开放性的损伤，往往会有出血或组织液体渗出伤口，处理不当，容易引起感染，因而止血和保护伤口是处理的重点。如擦伤部位较浅，只需涂消炎软膏；如擦伤创面较脏或有渗血，应用生理盐水清创后再涂上消炎软膏（图6-21）。

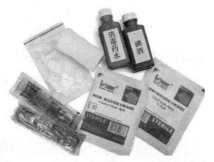

图6-21

2. 鼻出血

鼻出血时塞棉球、头往后仰都是错误的处理方法，一旦鼻血倒流入喉咙，容易呛入气管。鼻出血时应采取加压止血法，先确定哪一侧流鼻血，再低头脸朝下采取坐姿或站姿，用食指将流血侧的鼻翼软骨部向鼻中隔部位紧压10~20分钟。不论流鼻血情况是否持续，都不能松手，更不要压一下就看看是否持续流血。除一面加压止血外，也可在鼻梁双侧冷敷。严重者需及时去医院治疗（图6-22）。

图6-22

3. 肌肉拉伤

肌肉拉伤是指肌肉或肌腱因过度拉伸或撕裂而受损。主要由于运动过度或热身不足造成，可根据疼痛程度判断受伤的轻重，一旦出现痛感应立即停止运动，并在痛点敷上冰块或冷毛巾，保持30分钟，以使毛细血管收缩，减少局部充血、水肿。切忌搓揉及热敷（图6-23）。

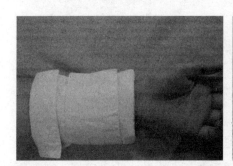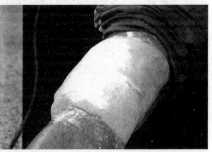

图6-23

4. 脱臼

脱臼即关节脱位。一旦发生脱臼，应保持静止、不要活动，更不可揉搓脱臼部位，应及时就医。如脱臼部位在肩部，可把患者肘部弯成直角，再用三角巾把前臂和肘部托起，挂在颈上。用一条宽带缠过头部，在未脱臼一侧肩膀上方打结。

5. 骨折

常见骨折分为两种：一种是皮肤不破，没有伤口，断骨不与外界相通的闭合性骨折；另一种是骨头的尖端穿过皮肤，有伤口与外界相通的开放性骨折。开放性骨折不可用手将显露在外的骨断端送回伤口内，应用消毒纱布对伤口作初步包扎、止血后，再用平木板固定送医院处理。骨折后肢体不稳定，容易移动，会加重损伤和疼痛，可找木板、塑料板等将肢体骨折部位的上下两个关节固定起来。如一时找不到固定的材料，骨折在上肢者，可屈肘关节固定于躯干上；骨折在下肢者，可伸直腿足，固定于对侧的肢体上。怀疑脊柱有骨折者，需用担架或门板，躯干四周用衣服、被单等垫好，不致移动。不能抬伤者头部。昏迷者应俯卧，头转向一侧，以免呕吐时将呕吐物吸入肺内。怀疑颈椎骨折时，需在头颈两侧各置一个枕头或扶持患者头颈部，使其在运输途中不致发生晃动（图6-24）。

图6-24

6. 运动抽筋

要预防抽筋除了在热身时一定要把筋拉开外，运动时最好也要补充足够的水分及电解质（喝运动饮料），最重要还是维持均衡的运动习惯。腿抽筋通常发生在肌肉疲劳时，因突然遇到冷空气、冷水引起，由于人体也会因流汗而感到寒冷，所以夏天也会发生痉挛。当身体出现抽筋现象时，需要适当的休息与治疗，以免对肌肉造成过度伤害。当腿抽筋时，将抽筋的腿部伸直（勿让膝盖弯曲），将脚板往自己身体方向下压，也可以使用运动喷剂或药膏让腿部肌肉松弛，并用双手按摩抽筋部位。

第七章

羽毛球运动的规则与裁判法

第一节　羽毛球运动的规则

1. 得分规则

①每球得分制：在羽毛球比赛中，每个回合的胜负都直接决定得分的归属，取胜的一方加1分。

②领先得分制：在一局比赛中，当一方选手的得分达到21分并领先对手至少2分时，该选手即赢得该局比赛。若双方比分达到20平，则需继续比赛，直到某一方领先2分为止。若双方比分达到29平，则先取得30分的一方获胜。

2. 发球与得分

①发球顺序：比赛开始前，双方选手通过投掷硬币等方式决定由哪一方选择先发球或后发球。在一局比赛中，率先得分的选手拥有下一回合的发球权。

②发球站位：发球方的站位也需根据当前比分来确定，即遵循"左单右双"原则。当发球方得分为偶数时，在右半场发球；得分为奇数时，在左半场发球。

③发球规则：发球时，发球员和接发球员必须站在斜对角发球区内，且脚不能触及发球区的界线。发球员的球拍需先击中球托，同时整个球需低于发球员的腰部。发出的球必须向上飞行过网，落入接发球员的发球区内才算有效。若发球违例，则对方得1分。

3. 发球规则

发球区域：在一局比赛开始时（比分0∶0）或发球方得分为偶数时，发球方在右半场进行发球；当发球方得分为奇数时，在左半场进行发球。

发球权：如果发球方取得1分，那么下一回合其继续发球；如果接发球方取得1分，那么下一回合其成为发球方。

4. 记分规则

21分制：羽毛球比赛通常采用21分制，即双方分数先达到21分的一方胜出。

每球得分制：在比赛中，每回合取胜的一方即可加1分。

领先规则：

①当一方得分达到21分并领先对手2分或以上时，该方赢得该局比赛。

②如果双方比分达到20比20平，则领先对方2分的一方赢得该局比赛。

③如果双方比分达到29比29平，则先取得30分的一方赢得该局比赛。

5. 换边规则

技术暂停与换边：在一局比赛中，当领先的一方达到11分时，双方有60秒的休息时间。

局间休息与换边：在两局比赛之间，双方有2分钟的休息时间。一局比赛结束后，双方需要换边。

决胜局换边：如果比赛进入决胜局（第三局），当领先的一方达到11分时，双方需要交换场地。

6. 其他规则

双打换边与发球：与单打一样，双打比赛中当发球方得分时，发球方的两位选手需要交换左右半场。同时，如果发球方取得1分，那么下一回合其继续发球，且发球人不变。

站位与视线：双打比赛中，发球员或接发球员的同伴站位均不限。但不得阻挡对方发球员或接发球员的视线。

第二节　羽毛球运动规则中的术语

1. 发球与接发球相关术语

①发球：球员在比赛开始时或得分后，将羽毛球从场地后方击向对方场地。发球时，球的任何部分及发球员的拍头均不得高于发球员的腰部。

②发球违例：发球过程中出现的违规动作，如发球脚违例（踩线、触线、移动等）、发球过腰、发球过手、延误发球等，会被判为发球违例，对方得分。

③接发球：对方球员对发球方的发球做出的第一次回击。

④发接发：比赛中的关键环节，包括发球、接发球以及第三拍击球。发接发阶段往往能决定比赛的节奏和走向。

2. 击球相关术语

①高远球：用较高的弧线把球击到对方底线附近，以削弱对方的进攻威力。

②吊球：将对方击来的后场球轻巧地还击到对方网前地区，控制比

赛节奏。

③杀球：将对方打来的高球，在高的击球点上用力扣压下去，力量大、速度快。

④扑球：对方发网前球或回击网前球时，迅速上步在网前举拍扑杀。

⑤搓球：在网前摩擦球托底部，使球改变在空中的正常运行轨道，旋转越过网顶。

⑥推球：在引诱对手上网时，突然将球快速推到后场底角。

⑦勾球：网前回击对角线的球，调动对手位置。

⑧抽球：击球平飞过网的一种打法。

⑨挑高球：把对方击来的吊球或网前球回击到对方后场。

⑩放网前球：将对方的吊球或网前球用球拍轻轻一托，使球一过网顶就朝下坠落。

⑪杀上网：杀球后迅速向前移动，封住前场，以扑、搓、勾、推等技术连续进攻。

⑫四方球：把球打到对方场区的四个角上，调动对方位置，伺机进攻。

⑬追身球：把球打到对手身上，尤其是趁对方未站稳时，把球对准对方身体进行突击。

⑭弹击球：利用手腕和手指的力量，快速将球弹击出去。

⑮头顶点杀：在头顶位置进行快速点杀击球。

⑯反手勾对角：用反手将球勾到对角区域。

⑰滑板球：一种带有假动作的击球，看似直线，实则是斜线。

⑱包切球：通过包裹和切削的动作击球。

⑲变速突击：通过突然改变击球节奏和力量进行进攻。

3. 比赛规则及相关术语

①换发球。得分交换：如果发球方赢得这一球，那么发球方继续发球，但要根据得分情况交换发球区。

违例交换：当发球方违例，如发球不过网、发球出界、发球时踩线等情况，或者发球方击球后球在本方场区落地成为死球，此时发球方失去发球权，由对方即接球方获得发球权，并根据得分情况在相应半场发球。

②换边：在一局比赛结束后双方需要交换场地。

③技术暂停：在一局比赛中，当领先的一方达到11分时，双方有60秒的休息时间（部分比赛规则可能有所不同）。

④局间休息：在两局比赛之间，双方有2分钟的休息时间。

⑤决胜局：当比赛双方前两局打成平手时，需要进行的第三局比赛。

⑥挑战：也被称为挑战"鹰眼"，通过"即时回放系统"解决比赛中关于球是否出界等争议性判罚的问题。球员必须在球落地后，且当值主裁判做出判罚，同时下一个发球还未开始前提出挑战。每场比赛，双方队员各有2次机会挑战"鹰眼"。

⑦轮空：在比赛分组中，部分选手或队伍在某一轮没有对手而直接晋级。

⑧种子选手/队伍：在比赛中被认为实力较强，在分组和赛程安排上有优势的选手或队伍。

4. 其他相关术语

①得分球：直接得分的发球或击球。

②击球犯规：如连击、持球、触网等违规行为。

③净胜局：一方获胜的局数减去失利的局数。

④净胜分：一方总得分减去总失分。

⑤申诉：对比赛中的判罚或情况提出异议。

第三节　羽毛球运动的裁判法

1. 召唤裁判长

在比赛中经常会遇到球员受伤或其他意外的情况，这时就需要召唤裁判长进入比赛场地来帮助解决问题，此时可将右手臂高高举起，并召唤裁判长。

2. 红牌

（1）红牌的含义

红牌是对球员的严重警告，通常与严重的违规行为、恶意行为或重复违规行为有关。当一名球员被出示红牌时，他将失去继续参加比赛的资格，并被要求立即离场。红牌的判罚旨在维护比赛的公平性和秩序，确保比赛在规则范围内进行。

（2）红牌的判罚标准

红牌的判罚标准通常包括但不限于以下几个方面。

①严重违规行为：如使用不当的姿势或动作击球，严重妨碍对方击球；故意干扰对手，如挡拦对方视线或阻碍对方的活动；恶意言辞、侮辱性动作等。

②恶意行为：球员在比赛中表现出明显的恶意，如故意伤害对手或故意破坏比赛设备等。

③重复违规行为：球员在已经接到黄牌警告后，再次犯下类似的违规行为，此时裁判员可能会直接出示红牌。

（3）红牌的警告方式

当裁判员决定对球员出示红牌时，会右手持红牌，将红牌举过头顶，并高声报告："×××（球员姓名或号码）过来，行为不端违例。"这一动作旨在向全场宣布球员的违规行为，并表明其已经失去了继续比赛的资格。

（4）红牌后的处理

①球员在接到红牌后，必须立即离开比赛场地，并不得再参与该场比赛的剩余部分。如果球员拒绝离场或继续留在场地内，可能会受到进一步的处罚。

②红牌的判罚对球员和比赛结果都可能产生重要影响。被出示红牌的球员可能会受到额外的处罚，如禁赛、罚款或其他惩罚。同时，他们的团队也可能需要在比赛中以较少的球员继续比赛，这可能导致竞技能力和战术上的不利。

3. 黄牌

（1）黄牌的含义

黄牌警告通常意味着球员有明显的故意延误或中断比赛的行为，或者存在其他不端行为。这些行为包括但不限于：

①故意恢复体力、喘息或接受指导等，以中断比赛的正常进行。

②比赛期间擅自离开球场或接受教练指导。

③故意改变或损坏羽毛球，以此影响球的速度或飞行轨迹。

④举止无礼或其他违反体育道德的行为。

（2）黄牌的警告方式

当裁判员决定对球员出示黄牌警告时，会右手持黄牌，将黄牌举过头顶，并高声报告："×××（球员姓名或号码）过来，行为不端警告。"这一动作旨在向全场宣布球员的违规行为。

（3）黄牌后的处理

①球员在接到黄牌警告后，应立即停止违规行为，并调整好自己的心态和状态，继续比赛。

②如果球员在接到黄牌警告后仍然继续犯规，裁判员可能会进一步采取更严厉的处罚措施，如出示红牌。

（4）黄牌与红牌的关联

在羽毛球比赛中，黄牌是红牌的前置警告。如果球员在比赛中犯规，但犯规情节较轻或属于技术性犯规，裁判员可能会先出示黄牌进行警告。如果球员在接到黄牌后仍然继续犯规或犯规情节严重升级，裁判员则可能会出示红牌将其罚出场外。

4. 发球时脚违例

（1）脚触线或踩线

在发球开始（即球被击出）前，发球员的任何一脚必须站在发球区线后、中线和边线的假定延长线之间，不能触及发球区的界线。如果发球时脚触线或踩在界线上，即为脚违例。

①发球员在准备发球时，应确保双脚完全位于发球区线后，避免在发球过程中因身体移动或重心转移而导致脚触线。

②发球裁判员会密切关注发球员的脚部动作，一旦发现有脚触线或踩线的情况，将立即示意"违例"。

（2）提前移动

在发球开始前，发球员的双脚必须保持静止，不得有任何移动。如果发球员在球拍开始向前挥动之前移动了脚的位置，也将被视为脚违例。

①发球员在准备发球时，应稳定重心，保持双脚静止，直至球拍开始向前挥动。

②有些发球员可能喜欢在发球前进行小幅度的调整或试挥拍，但在此过程中必须确保双脚不离开地面或发生移动。

（3）特殊情况

①旋转触线：有些发球员在站位时可能贴近中线，随着挥拍动作的进行，脚可能会因旋转而部分踩在线上，同样会被视为脚违例。

②跨步发球：发球员在站好位置后，如果前脚向前跨出一步再挥拍发球，且跨步动作发生在球拍开始向前挥动之前，则不应被视为脚移动违例；但如果跨步发生在挥拍过程中，则属于脚违例。

5. 发球过腰

发球过腰是指在发球时，当球拍击中球的瞬间，球的任何部分高于发球员的腰部。这一规则的主要目的是防止发球员在高击球点把球平击过去，从而对接发球方造成不必要的威胁。

（1）判断标准

①腰部位置：比赛中，可以大致将第一腰椎的位置视为人体最靠下一条肋骨的位置。当球拍击中球的瞬间，如果球的任何部分高于这一位置，即可视为发球过腰。

②击球瞬间：发球过腰的判断依据是球拍击中球的瞬间，而不是发球前或发球后的某个时间点。因此，即使发球员在挥拍过程中将球提升

至腰部以上，但只要在击中球的瞬间球的位置不超过腰部，就不构成违例。

（2）注意事项

在羽毛球比赛中，裁判员会根据上述标准和注意事项来判断发球是否过腰。如果发球员被判定为发球过腰违例，则将失去该发球权，由对方发球。因此，发球员在发球时应严格遵守规则，确保在球拍击中球的瞬间球的位置不超过腰部。

①挥拍与持球：在发球员开始挥拍且球已离开发球员的持球手后，如果球在远高于发球员腰部的空中，这并不属于违例。因为此时球已经脱离了发球员的控制范围，其高度不再作为判断发球是否过腰的依据。

②故意提高击球点：发球员在准备发球和挥拍的开始阶段，如果故意将球保持在低于腰部的位置，然后在快要击中球时迅速上提以在球体超过腰部的高处将球击出，这将被视为明显的发球过腰违例。

6. 发球过手

羽毛球发球过手是指在发球时，当球拍击中球的瞬间，发球员球拍的拍杆没有指向下方（即与地面平行），使得整个球拍的拍头明显高于发球员的握拍手部。这一规则的主要目的是防止发球员用垂直于地面的平拍面发出进攻性的平射球，从而保护接发球员不受威胁。判断发球过手违例的要点如下。

①击球瞬间：观察球拍击中球的那一瞬间，这是判断发球是否过手的关键时刻。

②拍杆与手部位置：在击球瞬间，球拍的拍杆应指向下方或至少与发球员的手部保持平行，不能使拍头明显高于手部。

③球的飞行轨迹：如果发出去的球以较平的飞行弧线射向接发球

员，通常是发球过手违例的一个明显迹象。

7. 未击中球

发球员在准备发球并挥动球拍时，球拍未能与羽毛球发生有效接触，导致球未能被击出或未能按照预期轨迹飞出。这种情况通常是由于发球员的技术失误、注意力不集中或准备不充分所导致的。

8. 延误发球

延误发球是指发球员在发球过程中，未能按照规则要求及时、连续地将球击出，从而影响了比赛的连续性和公平性。延误发球可能包括以下几种情况。

①发球动作中断：发球员在向前挥拍击球的过程中，突然停止挥拍动作，使得发球未能顺利完成。

②发球时间过长：发球员在准备发球时，无故拖延时间，迟迟不将球击出。

③发球前的不当行为：发球员在发球前，通过反复抖动球拍、改变站位或做出其他可能误导对手的动作，来故意延误发球。

9. 发球动作不连续

发球开始后，挥拍动作应当连续进行，直到球被击出。如果发球员在挥拍过程中停顿时间过长，或者挥拍动作不连贯导致球未能按照预期发出，都可能被判为发球违例。具体判定依据包括如下方面。

①发球时间的合理性：发球员在接到发球裁判员的"开始"信号后，必须在规定的时间内将球发出。如果发球员未能在合理时间内完成发球动作，则可能构成延误发球违例。

②挥拍动作的连续性：发球员的挥拍动作应当连续、流畅，不得出现中断或明显的不连贯。如果挥拍动作不连续导致发球失败或影响了比赛的正常进行，则可能构成发球违例。

10. 未先击中球头

未先击中球头是指发球员在发球时，球拍首先接触的不是羽毛球的球托（即球头部分），而是羽毛或其他非球托部分，通常被视为发球违例。这一规则主要是为了确保比赛的公平性和竞技性，防止球员通过不正当手段获得发球优势。

在判定"未先击中球头"违例时，裁判员会观察发球员的发球动作和球的飞行轨迹。如果球拍在接触羽毛球时明显偏离了球托部分，或者球的飞行轨迹异常（如翻滚、旋转等），则很可能构成违例。

11. 挑战"鹰眼"

羽毛球比赛中的"挑战鹰眼"是一个重要且实用的规则，它允许球员在怀疑裁判判罚准确性时，通过技术手段来验证。

（1）提出挑战

当球员对裁判的判罚存在争议时，可以立即向裁判示意并提出挑战请求。争议点通常包括球是否出界、球是否触网、发球是否违例等。每位球员或每对双打组合在整场比赛中通常有一定的挑战次数限制，每场比赛双方各有2次挑战机会。

（2）回放审查

裁判会暂停比赛，并通知技术人员启动回放系统。技术人员会选择合适的角度和帧率，对争议瞬间进行回放。

（3）判罚确认

通过回放，如果证明裁判的判罚是错误的，那么裁判会更改判罚结果。

12. 界外

羽毛球比赛中球的任何部分的最初接触点落在了该球的有效区域（发球区或场区）界线以外，或者击出的球碰到了球场外任何人的身体、衣物及其他物体，就判定这个球为界外球。

（1）观察球的落点

主要观察球的整体是否越过场地边缘线。如果球的整体越过了场地边缘线，那么这个球就是出界球。对于双打比赛，还需要特别注意双打边线和单打边线之间的区域是界外，以及双打后发球线和单打端线之间的区域也是界外。

（2）球的飞行轨迹

观察球的飞行轨迹是否落在对方的接发球区内。如果球的飞行轨迹没有落在对方的接发球区内（包括越过中线），这个球也是界外球。

13. 界内

根据羽毛球竞赛规则，只要球的任何部分最初接触点落在该球的有效区域（发球区或场区）线上或者线内，即为界内球。

（1）观察球的落点

裁判和球员需要密切关注球的最终落点，看其是否落在界内。球的任何部分（包括球头、羽毛等）只要落在界内，即判定为界内球。

（2）线的界定

羽毛球场地上的线都是它所界定区域的组成部分，包括前发球线、后发球线、底线、内边线和外边线等。这些线不仅用于界定发球区和场区，还用于判断球的落点是否在界内。

（3）压线球

球的一部分落在界线上，也被视为界内球，即压线球。这是因为所有线都是它所界定区域的组成部分，所以压线即等于在界内。

14. 未能看清

在羽毛球比赛中，如果发生"未能看清"的情况，并且这一情况直接关联到违例的判定，那么处理起来可能会比较复杂，需要详细分析原因。

①球速过快：羽毛球比赛中，球速往往非常快，尤其是在前场区域，这可能导致球员或裁判在瞬间无法准确判断球的落点或飞行轨迹。

②视线受阻：场上球员的身体、球拍或其他物体的遮挡，以及场地光线、风向等因素，都可能导致视线受阻，使得球员或裁判无法看清球的情况。

③技术设备故障：在使用高科技辅助判罚设备（如鹰眼系统）的比赛中，如果设备出现故障或有局限性，也可能导致裁判无法看清球的落点。

根据羽毛球竞赛规则，如果司线员因球员身体阻挡、视线不佳或其他不可抗拒因素导致未能看清球的落点，他们应立即以双手遮蔽双眼，让主裁判知道，并以主裁判的判决为主。

青少儿羽毛球运动技能

等级评定

附录1：青少儿羽毛球运动技能等级评定管理办法（试行）

第一章　总则

第一条　目的

为促进羽毛球运动普及与提高，规范青少儿羽毛球运动技能等级评定，全国体育运动学校联合会（以下简称"联合会"）根据业务需要制定本办法。

第二条　实施

联合会设计并建立适用于青少儿的羽毛球运动技能等级评定体系，依据《青少儿羽毛球运动技能等级评定》[T/CSSF 001—2020]团体标准及本管理办法，面向会员单位和社会范围内组织开展青少儿羽毛球运动技能等级评定工作，负责全国范围内青少儿羽毛球运动技能等级评定的组织、实施与监督。

第三条　标准应用

联合会会员单位及青少儿羽毛球社会培训机构可依据《青少儿羽毛球运动技能等级评定》[T/CSSF 001—2020]团体标准及本管理办法内容，参与、开展青少儿羽毛球运动技能等级的普及与应用。

第四条　测试机构

联合会会员单位可申请成为青少儿羽毛球运动技能等级评定测试机构。

第五条　考评对象

本办法规定青少儿羽毛球运动技能等级评定仅限于年龄为5-16周岁的青少年儿童。

第二章　等级划分和评定

第六条　等级称号

青少儿羽毛球运动技能等级根据技能水平由低到高分为十级；十级为初始入门阶段，九级、八级、七级为初级阶段，六级、五级、四级为中级阶段，三级、二级、一级为高级阶段。

第七条　等级晋升

青少儿羽毛球运动技能等级为逐级评定，依据《青少儿羽毛球运动技能等级评定标准》，自十级运动员向一级运动员逐级晋升。

第八条　晋级流程

（一）申请评定：联合会授权考点单位提出举办晋级评定的申请。

（二）发布通知：联合会接受考点单位的晋级评定申请并批准后，在联合会官方网站、微信平台等相关官方平台发布举办晋级评定相关信息。

（三）组织评定：联合会授权考点单位负责组织实施晋级评定，由联合会青少儿羽毛球运动技能等级考试官负责等级考核等评定工作。

（四）成绩审核：晋级考试结束后，由考点单位将评定资料递交联合会审核，通过审核后持证人可在联合会官方认证平台进行电子证书查询。

（五）达标标准：成绩达到总分的60%视为评定通过。

（六）颁发证书：评定资料审核完成后，由联合会统一颁发纸质等级证书。

第九条　考试官资质

考点单位组织晋级评定，应聘请经联合会认证的考试官负责等级评定、晋级考核工作，考试官相关资质认定见《青少儿羽毛球运动技能等级评定考试官管理办法（试行）》。

第十条　等级证书

青少儿羽毛球运动技能等级证书分为电子版与实物版，两者效力一致。

第十一条 认证查询

青少儿羽毛球运动技能等级统一由联合会依申请给予评定，并通过官网和认证平台提供查询认证。

第三章 晋升

第十二条 晋级直通车

青少儿羽毛球运动技能等级原则上不允许越级晋升，为鼓励青少儿积极参加赛事，通过赛事成绩发现优秀人才，联合会设置了青少儿羽毛球运动技能等级晋级直通车政策，即符合以下条件之一的，通过入门级考核后，凭比赛成绩证明可直接申请高级运动员等级：

（一）满12周岁，在省辖市、县级及以上级别举办的联合会所认可的正式比赛中，获得各单项前六名的运动员、团体前三名的主力队员，可越升至三级运动员，已达到三级运动员等级的，可晋升二级运动员；

（二）在全国性青少年羽毛球比赛中获得各单项前三名的运动员，可越升至二级运动员；已达到二级运动员等级的，可晋升至一级运动员。

第十三条 成绩效力

获得晋级直通车的个人应在取得赛事成绩后的当年内提出等级评定申请，超过时间的不予受理；同一成绩只能申请一次评定。

第十四条 评定认证

个人对等级评定有异议的，可以向考点单位提出复核申请；测试机构在收到复核申请后5个工作日内对成绩予以核实并反馈结果。如对反馈结果仍有异议，可向联合会进行申诉，对于符合条件的申诉，联合会即时评定并颁发等级证书；对于不符合条件的申请，联合会退回申诉并说明理由。

第四章　监督与管理

第十五条　联合会负责对全国范围内授权考点单位开展等级评定及有关活动进行监督检查。

第十六条　任何单位或个人发现违反本办法从事等级评定有关活动的，可以向联合会秘书处举报；联合会秘书处接到举报后将及时核实、处理，并将结果反馈举报人。

第十七条　联合会建立机构和个人信用体系，将等级评定、信用承诺、违法违规行为等事项的情况记入信用记录，向社会公开，接受社会监督。

第十八条　违反本办法从事等级评定有关活动的机构或从业人员，联合会将作出警告、暂停资质、取消资质、永久禁入等处罚决定，并向社会予以公告。

第十九条　通过使用兴奋剂、操纵比赛、作弊等非法或违规方式获得成绩的个人，联合会将作出取消成绩、暂停等级申请权、撤销等级、永久禁入等处罚决定，并向社会予以公告。

附录2：青少儿羽毛球运动技能等级评定测试内容简表（试行）

阶段	称号	等级	测试项目一	测试项目二	测试项目三	测试项目四
高级	金羽三星	一级	移动高远球、杀球上网组合（20个球）	移动吊球、推球组合（20个球）	移动勾球、推球组合（20个球）	全场六点移动跑（3组）
	金羽二星	二级	移动高远球、吊球上网组合（20个球）	移动杀球上网（20个球）	网前推球、勾球组合（20个球）	双摇跳绳（1分钟）
	金羽一星	三级	移动高远球、网前挑球组合（20个球）	移动吊球、放网组合（20个球）	移动杀直线球（20个球）	25米标志物折返跑（2个来回）
中级	银羽三星	四级	移动高远球、放网组合（20个球）	定点正手、头顶吊对角线（20个球）	正手、反手发网前球（20个球）	全场四点移动跑（3组）
	银羽二星	五级	后场两点移动高远球（20个球）	定点正、反手挑球（20个球）	移动正、反手放网（20个球）	左右摸线跑（5个来回）
	银羽一星	六级	半场直线后退击高远球（20个球）	定点正、反手放网（20个球）	前后移动跑（5个来回）	侧平板支撑
初级	铜羽三星	七级	定点直线高远球（20个球）	正手发后场高远球（20个球）	两侧并步移动跑（5个来回）	四级蛙跳
	铜羽二星	八级	定点接抛球击高远球（16个球）	定点抛球正反手挑直线球（16个球）	单摇跳绳（30秒）	波比跳（30秒）
	铜羽一星	九级	正反拍面颠球（30s）	正手发高远球（16个球）	羽毛球掷远（3次）	仰卧起坐（30s）
入门级	铁羽	十级	正拍面颠球（30s）	架拍挥拍动作（20次）	立定跳远（2次）	坐位体前屈（2次）

附录3：青少儿羽毛球运动技能等级评定测试内容

等级	测试项目一	测试项目二	测试项目三	测试项目四	备注	分数
十级	正拍面颠球（30秒）	架拍、挥拍动作（20次）	立定跳远（2次）	坐位体前屈（2次）	线下羽毛球馆测试	总分：300分 达标：180分
	用正拍面连续颠球	场内8点进行，完整的架拍、挥拍动作架拍动作正确完整，挥拍动作放松完整，挥拍发力过程连贯，肘关节自然上提，手臂内旋挥动，正拍面挥拍有力，击球点到位，随前动作	地上放有标尺或标有尺度	地上放有标尺或标有尺度仪器		
	按连续颠球最高数计算，满分80分	按挥拍动作要领计分，满分80分	按照跳远距离计算，满分70分	按照厘米计算，满分70分		
九级	正、反拍面颠球（30秒）	正手发高远球（16个球）	羽毛球掷远（3次）	仰卧起坐（30s）	线下羽毛球馆测试	总分：300分 达标：180分
	用正、反拍面连续颠球	左、右场区各发8个高远球	地上放有标尺或标有尺度	固定脚部，头或肘需触及膝盖		
	按照连续颠球最高数计算，满分80分	按照进入有效区个数累计加分，满分80分	按扔球距离计算，取三次中最好成绩，满分70分	按照个数计算，满分70分		

续表

等级	测试项目一	测试项目二	测试项目三	测试项目四	备注	分数
八级	定点接抛球击高远球（16个）	定点抛球正、反手挑直线球（16个）	单摇跳绳（30秒）	波比跳（30秒）	线下羽毛球馆测试	总分：300分 达标：180分
	定点抛球后击打高远球	定点抛球后用正、反手挑直线球	一次起跳中，摇绳绕过脚下一次	动作要完整、标准		
	按照进入有效区个数累计加分，满分80分	按照进入有效区个数累计加分，满分80分	按照个数计算，满分70分	按照个数计算，满分70分		
七级	定点直线高远球（20个球）	正手发后场高远球（20个球）	两侧并步移动跑（5组）	四级蛙跳	线下羽毛球馆测试	总分：400分 达标：240分
	正手直线高球、头顶直线高球各重复10个	左场区、右场区，各重复10个	往返左右单打边线并步跑重复5组	指定区域连续不间断蛙跳四次		
	按照进入有效区个数累计加分，满分100分	按照进入有效区个数累计加分，满分100分	按照时间计算，满分100分	按照距离计算，满分100分		
六级	半场直线后退击高远球（20个球）	定点正、反手放网（20个）	前后移动跑（5个来回）	侧平板支撑	线下羽毛球馆测试	总分：400分 达标：240分

续表

等级	测试项目一	测试项目二	测试项目三	测试项目四	备注	分数
六级	从半场中场后退击高远球，左场区、右场区各10个球	正手放网、反手放网，各重复10个球	从端线外开始上网跑，手触及网带后退脚踩端线。重复5次。	坚持侧平板支撑动作数分钟，身体保持成直线状。	线下羽毛球馆测试	总分：400分 达标：240分
	按照进入有效区个数累计加分，满分100分	按照进入有效区个数累计加分，满分100分	按时间计算，满分100分	按照时间计算，满分100分		
五级	后场两点移动高远球（20个球）	定点正、反手挑球（20个球）	移动正、反手放网（20个）	左右摸线跑（5个来回）	线下羽毛球馆测试	总分：400分 达标：240分
	移动正手直线高球、头顶直线高球各10个球	正手挑直线球、正手挑斜线球，反手挑直线球、反手挑斜线球，各重复5个球	正手放网、反手放网重复各10个球	手触及单打左右边线，重复5组		
	按照进入有效区个数累计加分，满分100分	按照进入有效区个数累计加分，满分100分	按照进入有效区个数累计加分，满分100分	按时间计算，满分100分		
四级	移动高远球、放网组合（20个球）	定点正手、头顶吊对角线（20个球）	正手、反手发网前球（20个）	全场四点移动跑（3组）	线下羽毛球馆测试	总分：400分 达标：240分

续表

等级	测试项目一	测试项目二	测试项目三	测试项目四	备注	分数
四级	正手直线高远、正手放网、头顶直线高远、反手放网为一回合	正手吊对角、头顶吊对角各10个球	左场区、右场区各发10个球	单打左右边线和双打的前后发球线的4个交叉点，每个点放3个球。跑动推动球，重复3组	线下羽毛球馆测试	总分：400分 达标：240分
	按照进入有效区个数累计加分，满分100分	按照进入有效区个数累计加分，满分100分	按照进入有效区个数累计加分，满分100分	按照时间计算，满分100分		
三级	移动高远球、网前挑球组合（20个球）	移动吊球、放网组合（20个球）	移动杀直线球（20个球）	标志物折返跑（2个来回）	线下羽毛球馆测试	总分：400分 达标：240分
	正手直线高远球、网前反手挑球，头顶直线高远球、网前正手挑球的顺序完成5组	正手吊对角、反手放网、头顶吊对角、正手放网完成5组	正手杀直线、头顶杀直线各杀10个球	听发令25米标志物折返跑		
	按照进入有效区个数累计加分，满分100分	按照进入有效区个数累计加分，满分100分	按照进入有效区个数累计加分，满分100分	按时间计算，满分100分		
二级	移动高远球、吊球上网组合（20个球）	移动杀球上网（20个球）	网前推球、勾球组合（20个球）	双摇跳绳（1分钟）	线下羽毛球馆测试	总分：400分 达标：240分

续表

等级	测试项目一	测试项目二	测试项目三	测试项目四	备注	分数
二级	正手直线高远球、正手吊斜线、反手放网、头顶直线高远球、头顶吊斜线、正手放网为一回合，完成3组，最后两球随机	正手杀直线、正手放网、头顶杀直线、反手放网，完成5组	正手上网推、反手上网推、正手上网勾对角、反手上网勾对角，完成5组	一次起跳中，摇绳绕过脚下2次	线下羽毛球馆测试	总分：400分 达标：240分
	按照进入有效区个数累计加分，满分100分	按照进入有效区个数累计加分，进满分100分	按照进入有效区个数累计加分，满分100	按照个数计算，满分100分		
一级	移动高远球、杀球上网组合（20个球）	移动吊球、推球组合（20个球）	移动勾球、推球组合（20个球）	全场六点移动跑（3组）	线下羽毛球馆测试	总分：400分 达标：240分
	正手直线高远球、正手杀斜线、反手放网；头顶直线高远球、头顶杀斜线、正手放网为一回合，完成3组，最后两球随机	正手吊对角、反手推直线、头顶吊对角、正手推直线，完成5组	正手勾对角、正手推直线、反手勾对角、反手推直线。重复5组	单打左右边线和双打的前后发球线的4个交叉点，每个点放3个球。跑动推动球，重复3组		
	按照进入有效区个数累计加分，满分100分	按照进入有效区个数累计加分，满分100分	按照进入有效区个数累计加分，满分100分	按照时间计算，满分100分		

参考文献

[1] 中国羽毛球协会. 羽毛球竞赛规则（2023）. 北京：人民体育出版社，2023.

[2] 周业光，朱建国. 羽毛球入门到精通. 北京：化学工业出版社，2023.

[3] 林传潮，任春晖. 羽毛球竞赛实务手册. 北京：人民体育出版社，2021.

[4] 肖杰. 羽毛球运动理论与实践. 北京：人民体育出版社，2013.